Langenscheidts Schulgrammatik Französisch

Von

Diethard Lübke

Langenscheidt

Berlin · München · Wien · Zürich · New York

Bildquellen: (Fotos) Süddeutscher Verlag S. 48, 94, 107, 127, 138, 200, 212; Agency Press Live, F. Stromme S. 14; Sipa press S. 121; S.N.C.F. S. 169; J. Funke S. 48, 50 (unten), 52, 134, 161; D. Lübke S. 13, 16, 21, 62, 136, 168.
(Zeichnung) J. Lavergne S. 205.

Wir danken für die Genehmigung zum Abdruck: Air France, Fromageries Bel, Jours de France, La Treille, Prima, Sté d'Hygiène dermatologique de Vichy, Sté Gervais, Sté LNLN, Sté gle des grandes sources d'eaux minérales françaises Perrier.

Layout und Zeichnungen: Esther Wolf

Auflage: 6. 5. 4. 3. | Letzte Zahlen
Jahr: 1995 | maßgeblich

Druck: Druckhaus Langenscheidt, Berlin-Schöneberg
Printed in Germany / ISBN 3-468-45 598-4

Vorwort

Langenscheidts neue Schulgrammatik ist für deutschsprachige Schüler und Erwachsene entwickelt worden, die Französisch als Fremdsprache lernen. Sie versteht sich als lehrwerksunabhängige Lern- und Nachschlagegrammatik.

Der Stoff ist mit den gegenwärtig genehmigten Lehrbüchern für Französisch und den gültigen Richtlinien/Lehrplänen abgestimmt. Das gesprochene Französisch wird an wichtigen Stellen angemessen berücksichtigt, zumal es von vielen modernen Autoren wie Raymond Queneau, Christine Rivoyre, Marie Cardinal, Christiane Rochefort, Georges Brassens u. a. auch in literarischen Texten verwendet wird.

Das Neue dieser Grammatik liegt besonders in der lernergerechten didaktischen Aufbereitung des Stoffes. Der Verfasser – selbst Lehrer, Ausbilder und Autor erfolgreicher Veröffentlichungen für den Schulbereich – hat für eine größtmögliche Verständlichkeit, Übersichtlichkeit und Einprägsamkeit gesorgt. Diese Grammatik wurde im Unterricht von Klasse 9 (drittes Jahr Französisch) bis zum Abitur erprobt.

Das Buch möchte einen wesentlichen Beitrag für die Sicherheit der Lernenden in der französischen Grammatik leisten und besonders die Fehlerzahl in Klassenarbeiten und Klausuren deutlich reduzieren, indem es die Ergebnisse der Fehlerkunde überall berücksichtigt. Gleichzeitig soll das Ausdrucksvermögen verbessert werden, zum Beispiel in den Bereichen Wortstellung, Satzbau, Zeichensetzung.

Verfasser und Verlag

Inhaltsverzeichnis

Zur Einführung

Welche Bestandteile bietet diese Grammatik?

1. Beispielsätze, Strukturleisten, Regeln

Die Abschnitte dieser Grammatik sind kurz und übersichtlich. Sie enthalten meist drei Teile:

- Beispielsätze
  Sie sind graphisch aufbereitet, so daß die Formen, Strukturen und Bezüge deutlich ins Auge fallen.
- Strukturleisten (bei den wichtigsten Regeln)
  Sie veranschaulichen graphisch Strukturen, Formen und grammatische Bezüge und dienen als wirksame Merkhilfen.
- Regeln
  Sie wurden so kurz, einfach und verständlich wie möglich formuliert.

2. Worthilfen

Es wurde darauf geachtet, daß die Beispielsätze sprachlich angemessen sind. Alle Vokabeln, die nicht zum französischen Grundwortschatz gehören (Français fondamental) und die deutschsprachigen Benutzern nicht sofort verständlich sind (potentieller Wortschatz), werden in den Fußnoten unten auf jeder Seite erklärt.

3. Übersichten, Listen

Übersichten, die Informationen enthalten, sind schwarz umrandet. Listen, die gelernt werden sollen, sind rot umrandet.

4. Tests

Die Tests ermöglichen dem Benutzer, die erworbenen oder wiederholten Grammatikkenntnisse an authentischen Kurztexten zu erproben. Die Zitate stammen aus der Literatur des 20. Jahrhunderts, aus Zeitungen und populären Zeitschriften, auch aus der Werbung.

5. Register

Das Register am Ende der Grammatik ist sehr umfangreich; es ist benutzerfreundlich angelegt und bietet daher einen bequemen Einstieg in die Grammatik. Es enthält nicht nur alle grammatischen Begriffe auf deutsch und auf französisch, sondern auch viele einzelne Formen und Strukturen.

Wie benutzt man diese Grammatik?

1. Gebrauch als „Nachschlagegrammatik“ bei schriftlichen Hausarbeiten

Wer eine Fremdsprache möglichst fehlerfrei beherrschen will, sollte sich nicht zu früh oder aus Bequemlichkeit auf das Sprachgefühl verlassen. Allmähliche Sicherheit im Sprachgebrauch erlangt der Lernende dann, wenn er sich zum Grundsatz macht, in allen Fällen, in denen er den leisesten Zweifel an der Richtigkeit seines Textes hat, nachzuschlagen: in der Grammatik, im Wörterbuch.

Im Wörterbuch schlägt man nach:
- Wortbedeutungen (Was heißt „hoffentlich“, „Gesellschaftsordnung“...?)
- Ausdrücke (Was heißt „nach Hause gehen“, „aus diesem Grunde“...?)
- die Rechtschreibung einzelner Wörter (Welche Schreibung ist richtig: *„vraiment/vraiement“, „exemple/example“*...?)
- das Geschlecht der Nomen (Heißt es *„le/la côté“, „le/la prison“*...?).

Im Wörterbuch oder in der Grammatik kann man nachschlagen:
- Gebrauch der Präpositionen (Heißt es *„téléphoner avec qn/à qn“*...?)
- Gebrauch des *subjonctif.*

In dieser Grammatik schlägt man nach, um alle grammatischen Probleme zu klären.

Beispiele:
Eine Schülerin hat geschrieben:

Pour les jeunes, la vie, c'est l'indépendance, la possibilité de réaliser ses projets et ses idées.

Die Schülerin zweifelt, ob „ses projets et ses idées“ richtig ist oder ob es nicht „leurs projets et leurs idées“ heißen müßte.

Sie sieht im Register nach

unter *„ses“*

ses 16.1
=seine/ihre 16.3

oder unter *„leurs“*

leur
Objektpronomen 13.2, 13.6, S. 95
Possessivpronomen 16.1
leurs 16.1
leur / leurs 16.4
le leur 16.8

und bekommt den Hinweis auf Abschnitt 16.4. Die Schülerin könnte auch unter „Possessivpronomen“ oder unter *„adjectif possessif“* im Register oder im Inhaltsverzeichnis nachsehen.

Ein Schüler hat geschrieben:

Après Créon est sorti, Antigone reste seule.

Er zweifelt, ob *„après“* richtig ist oder ob es nicht *„après que“* heißen müßte. Er sieht im Register unter *„après/après que“* nach:

und bekommt den Hinweis auf Abschnitt 44. Der Schüler hätte auch unter „Präposition“ oder „Konjunktion“ im Inhaltsverzeichnis oder im Register – oder unter *„conjonction“* im Register nachsehen können.

Diese Grammatik eröffnet dem Benutzer viele bequeme Wege, so daß er schnell die benötigte Auskunft findet.

Wer sich an die Benutzung dieser Grammatik gewöhnt hat, wird sich bald die ungefähre Reihenfolge der grammatischen Kapitel merken. Er braucht dann nur noch auf das Signalwort oben auf jeder Seite zu achten, um das gesuchte Kapitel zu finden.

2. Gebrauch als „Nachschlagegrammatik“ bei der Berichtigung von schriftlichen Arbeiten

2.1 Übungsarbeiten. – Texte, die die Schüler als Hausaufgabe oder während des Unterrichts selbständig produzieren, werden von einigen Schülern auf Folie geschrieben. Anschließend werden die gemachten Fehler angestrichen und korrigiert, mit Ausnahme der Grammatikfehler, die nur unterstrichen werden. Alle Schüler der Lerngruppe untersuchen die Fehler mit Hilfe dieser Grammatik. Sie sollen nicht nur sagen: „Ich glaube, richtig heißt das so und so . . .“, sondern: „Richtig heißt das so und so, denn in der Grammatik steht im Abschnitt . . .“.

2.2 Klassenarbeiten. – Bei der Berichtigung von Grammatikfehlern in Klassenarbeiten und Klausuren fügen die Schüler die Nummer des Abschnitts aus dieser Grammatik bei, gegen den verstoßen worden ist.

3. Gebrauch als „Lerngrammatik“ zur Wiederholung und zur Erweiterung der Grammatikkenntnisse

3.1 Allgemeine Wiederholung. – Die Hausaufgabe lautet zum Beispiel: „Lest das 17. Kapitel über das Relativpronomen (Seite 85–90) durch und macht den TEST.“ – Zu Hause liest der Lernende zunächst das ganze Kapitel durch. Die Wiederholung ist besonders wirksam, wenn das Kapitel noch ein zweites Mal durchgearbeitet wird.

Das kann so geschehen:
- Der Schüler sieht sich nur die Beispielsätze des ersten Abschnitts an und verdeckt die folgende Regel, die er selbständig aus den Beispielen ableitet.
- Wenn er das geschafft hat, deckt er die Regel auf, um das Ergebnis zu kontrollieren.
- Er verfährt ebenso bei den nachfolgenden Beispielen und Regeln.

Diese Hausaufgabe kann im Unterricht überprüft werden:

a) indem die Lösungen der Testaufgaben von Schülern vorgetragen werden.
b) indem den Schülern an der Tafel oder auf der Folie Beispielsätze vorgelegt werden, die sie analysieren und aufgrund ihrer Regelkenntnis begründen.
c) indem ein Schüler aus dem Grammatikbuch Beispielsätze vorliest und andere Schüler die Regeln kennen, ohne ins Buch zu sehen. Oder umgekehrt: Zu genannten Regeln oder angezeichneten Strukturleisten werden Beispiele gebildet.
d) indem der Lehrer den Schülern kurze deutsche Sätze diktiert, die die Schüler ins Französische übersetzen und dabei die wiederholte Grammatik anwenden.

3.2 Bestimmungsaufgaben (explication grammaticale). – Der Lehrer läßt im Text der im Unterricht gelesenen Lektüre auffällige grammatische Formen unterstreichen, die die Schüler als Hausaufgabe erklären sollen. Sie sollen dabei auch die Nummer des Abschnitts aus dieser Grammatik beifügen.

Beispiel:

– Voilà la cloche qui[1] sonne; les filles vont rentrer au travail. Vous savez, monsieur, qu'il y a bien quatre à cinq cents[2] femmes occupées[3] dans la manufacture. Ce sont elles qui roulent les cigares dans une grande salle, où les hommes n'entrent pas, parce qu'elles se mettent à leur aise, les jeunes surtout, quand il[4] fait chaud. A l'heure où les ouvrières rentrent, après leur déjeuner, bien des[5] jeunes gens vont les[6] voir passer. Pendant que[7] les autres regardaient, moi, je restais sur mon banc, près de la porte. J'étais jeune alors; je pensais toujours au pays, et je ne croyais pas qu'il y eût[8] de jolies[9] filles sans jupes bleues et sans nattes tombant sur les épaules. D'ailleurs, les Andalouses me faisaient peur: toujours à railler, jamais[10] un mot de raison. J'entendis des bourgeois qui disaient: «Voilà Carmen! ...». (P. Mérimée: Carmen)

1. Warum **qui** und nicht **que**?
2. Erkläre die Endung von **cents**.
3. Erkläre die Endung von **occupées**.
4. Warum **il** und nicht **ce** oder **cela**?
5. Warum steht hier **des** und nicht **de**?
6. Erkläre die Stellung von **les**.
7. Warum muß hier **pendant que** stehen und nicht nur **pendant**?
8. Bestimme die Verbform **eût**.
9. Erkläre die Stellung von **jolie**.
10. Warum wird hier **jamais** ohne **ne** gebraucht?

3.3 Sätze bilden. – Die Schüler bilden selbständig 2–3 Sätze nach dem Vorbild der Beispielsätze dieser Grammatik. Dabei verwenden sie den Wortschatz der gelesenen Lektüre oder des Lesestücks.

3.4 „Suchaufgaben". – Die Hausaufgabe lautet zum Beispiel: „*Vous fai**tes*** hat nicht die Endung *-ez*. Suche die anderen Verben, die die Endung *-tes* haben, und gib die Nummer des Abschnitts der Grammatik an." – „*évidemment* ist ein unregelmäßiges Adverb. Fertige eine Liste der anderen unregelmäßigen Adverbien an, die in der Grammatik stehen." – „Nach Mengenangaben steht nur *de*. Suche aus der Grammatik die anderen Fälle heraus, wann *de* (statt *du, de la, de l', des*) gebraucht werden muß."

3.5 Lernen der Listen. – Die meisten Listen mit rotem Rand lassen sich vokabelmäßig lernen, durch Zuhalten der rechten oder linken Spalte.

Zeichen und Abkürzungen

Zeichen

/	oder
↑______↑	Bezug herstellen
:..........:	Bezug nicht herstellen
⌐‾‾‾‾‾‾|___|	Inversion
______|	betonter, hervorgehobener, besonders wichtiger Satzteil
	Gebrauch der Struktur nur beim Sprechen möglich
	Gebrauch der Struktur nur beim Schreiben möglich
⚠	Achtung, Fehlermöglichkeit
	maskulines Nomen/ Pronomen
	maskulines Nomen im Plural
	feminines Nomen/ Pronomen
	feminines Nomen im Plural
>	wird zu
^	kein Buchstabe, keine Endung

Abkürzungen

D	Deutsch
E	Englisch
F	Französisch
fem.	Femininum/*féminin*
mask.	Maskulinum/*masculin*
neutr.	Neutrum/*neutre*
qc	*quelque chose*
qn	*quelqu'un*

Kommunikationsmittel

1 Einfachste Kommunikationsmittel

réalisé par A. de Saint Exupéry
pour Le petit prince © Galimard

1.1
Der einsame König

Der Schriftsteller Saint-Exupéry beschreibt in seinem Buch „Le petit Prince“ einen König, der ganz allein auf einem Planeten lebt. Der einsame König hat keine Gesprächspartner; er kann die Sprache nicht als Kommunikationsmittel verwenden.

Dieser König ist eine Märchenfigur: niemand von uns lebt allein auf einem Planeten oder auf einer Insel. Wir leben in den verschiedensten Gemeinschaften (Familie, Arbeitswelt, Staat usw.), wir haben täglich eine Vielzahl von Gesprächspartnern.

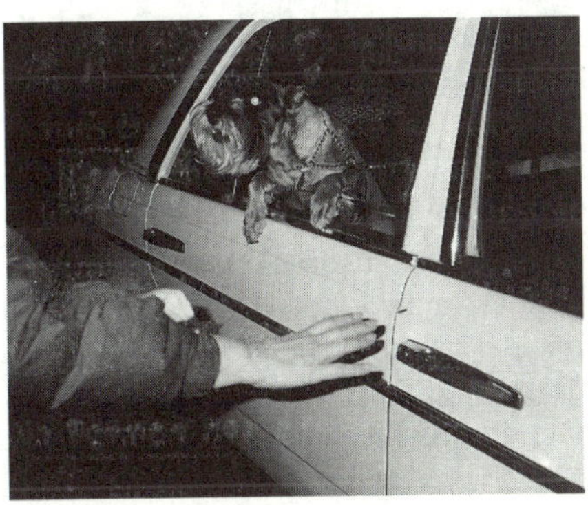

1.2
Nichtsprachliche Kommunikationsmittel

Um anderen etwas mitzuteilen, verwenden wir die Sprache – und viele andere Mittel. Auch Tiere können sich klar ausdrücken – ganz ohne Sprache.

Der Hund auf dem Foto gibt dem Autodieb eindeutige Informationen: „Komm bloß nicht näher! Bleib da! Wenn du kommst, werde ich dich beißen!“ Der Hund drückt das aus durch die gefletschten Zähne, die angelegten Ohren, den festen, auf den Dieb gerichteten Blick und sicher auch durch drohendes Knurren.

Auch zwischen Menschen kann Kommunikation ohne Sprache durch Gestik, Mimik, symbolische Handlungen usw. stattfinden. Die Mädchen auf dem Foto teilen dem Sänger mit: „Du bist großartig! Wie lieben und bewundern dich!“ und drücken das durch die Haltung der Arme und Hände (Gestik), durch den Gesichtsausdruck (Mimik) aus. Der Sänger antwortet ihnen: „Ich freue mich! Ich bin glücklich über eure Begeisterung!“. Der Gesichtsausdruck und die Gestik sagen das deutlich.

1.3
Einfachste sprachliche Kommunikationsmittel

ORESTE: ***Hé,*** *bonnes femmes!*
(Elles se retournent toutes en ***poussant un cri.)***
LE PÉDAGOGUE: *Pouvez-vous nous dire?*
...
(Elles crachent[1] *par terre en reculant*[2] *d'un pas.)* (Sartre: Les Mouches)

Jm'en fous[3]. *(...)* ***Sacrebleu***[4]***, merde***[5] *alors* . (R. Queneau: Zazie dans le Métro)

– ***Bonjour,*** *madame.*
– ***Bonjour,*** *monsieur.*
– *Ça va?*
– *Oui, ça va très bien.*

Einfachste sprachliche Kommunikation erfolgt durch Schreie, Flüche, Ausrufewörter (Interjektionen → unten), Einzelwörter ...

---

[1] spucken [2] zurückweichen [3] Das ist mir egal.
[4] Donnerwetter [5] Scheiße

Interjektionen

Die geläufigsten französischen Interjektionen sind:

Ah!	*Ça me fait plaisir! Que c'est beau! Cela m'étonne!*
Ah bon.	*Je comprends. Je suis d'accord.*
Ah oui?	*Vraiment? C'est vrai?*
Aïe!	*Ça fait mal.*
Allô!	*(Au téléphone.)*
Ben!	*Eh bien!*
Bravo!	*C'est excellent. Je vous félicite.*
Chic alors.	*Je suis content. Ça me fait plaisir.*
Chiche!	*Je vous prends au mot!*
Chut!	*Taisez-vous! Silence!*

(Fortsetzung)

Hé!	*Regardez-moi. Faites attention.*
Hein [ɛ̃]	*Je n'ai pas compris. Répétez. / N'est-ce pas?*
Hélas! [elas]	*Je le regrette beaucoup. C'est triste.*
Mince alors!	*Je suis surpris. Je suis contrarié.*
Oh!	*Je suis étonné. / Je suis plein d'admiration.*
O.K. [ɔke]	*Je suis d'accord.*
Ouf!	*Enfin! Quel soulagement!*
Peuh!	*Ça ne fait rien. Je dédaigne cela.*
Pst!	*Attention!*
Stop!	*Arrêtez.*
Zut! [zyt]	*Je suis très mécontent.*

Kommunikation (Grundbegriffe)

Hund und Autodieb, Sänger und Publikum ... jede Kommunikation – sei sie sprachlich oder nicht-sprachlich – setzt zumindest zwei Kommunikationspartner voraus:

Einer informiert den anderen: Er ist der **Sender** *(l'émetteur)*. Der andere wird informiert: Er ist der **Empfänger** *(le récepteur)*. Das, was der Sender dem Empfänger übermitteln will, ist die **Mitteilung** *(le message)*.

Zur Informationsübermittlung verwenden beide Gesprächspartner einen gemeinsamen **Kode** *(le code)*. Im sprachlichen Bereich unterscheidet man grundsätzlich 2 Kodes: den **code parlé** (gesprochene Sprache) und den **code écrit** (geschriebene Sprache).

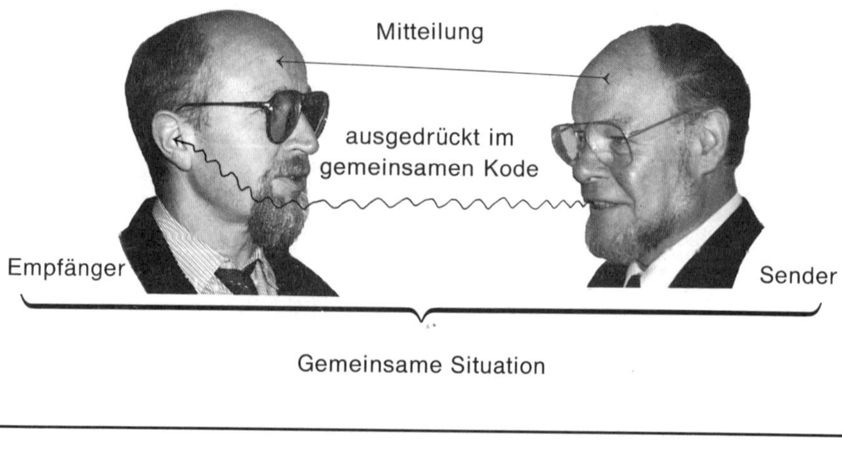

2 Aussagesatz

Im Vergleich mit Gestik und Mimik, mit Schreien, Ausrufen und Einzelwörtern bietet der vollständige Satz sehr viel differenziertere Möglichkeiten für die Kommunikation.
Der vollständige Satz besteht zumindest aus Subjekt und Prädikat, andere Satzteile können hinzutreten. (Satzteile → nächste Seite.)

2.1 Reihenfolge der Satzteile

Sandrine va au marché.

Elle	*achète*	*des oranges.*
Elle	*parle*	*à la marchande.*
Subjekt	Prädikat	Objekt

Im französischen Aussagesatz gibt es eine feste Reihenfolge der Satzteile: das Subjekt steht vor dem Prädikat.

2.2 Umstellung von Subjekt und Prädikat (Inversion)

● – *Attends!* ***dit*** ***Olivier.***
– *Quoi?* ***demande*** ***Sandrine.***

Direkte Rede | Prädikat | Subjekt

Wie im Deutschen steht auch im Französischen die Inversion bei der Bezeichnung des Sprechers nach der direkten Rede.

● – *C'est faux, **je dis.***
– *C'est rare, **je suppose.***

Bei der 1. Person Singular wird die Inversion außerhalb der Literatur vermieden.

⚠ *Wait a moment!* ***he said.***
F/E *What is the matter?* ***she asked.***

Im Englischen steht zur Bezeichnung des Sprechers nach der direkten Rede keine Inversion.

● *Devant la maison* ***attend*** ***la police.***
Ainsi ***commencèrent*** ***les vacances.***

Sous le pont Mirabeau
coule ***la Seine.***
(Apollinaire)

Adverbiale Bestimmung | Prädikat | Subjekt: Nomen

Die Inversion ist in Sätzen möglich, die drei Bedingungen erfüllen:
- Das Subjekt ist ein Nomen.
- Der Satz wird durch eine adverbiale Bestimmung eingeleitet.
- Der Satz enthält kein Objekt.

Die wichtigsten Satzteile

Sandrine *va au marché.* ***Elle*** *achète des oranges.*	**Subjekt,** Satzgegenstand (wer/was ...?) *le sujet*
Sandrine ***va*** *au marché.* *Elle* ***achète*** *des oranges.*	**Prädikat,** Satzaussage *le prédicat, le verbe*
Les oranges sont ***chères,*** *mais elles sont* ***bonnes.***	**Prädikativum** *l'attribut*
Sandrine est ***une belle fille.*** *Olivier est* ***son ami.***	**Prädikatsnomen** *l'attribut*
Sandrine achète ***des oranges.*** *Elle* ***les*** *achète.* *Elle paie* ***10 F.*** *Elle rencontre* ***son ami Olivier.***	**Objekt,** Satzergänzung a) **direktes Objekt** (wen/was...?) *le complément d'objet direct* Das direkte Objekt ist mit dem Prädikat „direkt" verbunden, ohne Präposition.
Sandrine parle ***à la marchande.*** *Elle* ***lui*** *demande si les oranges sont bonnes.* *La marchande répond* ***à Sandrine.***	b) **indirektes Objekt** (wem...?) *le complément d'objet indirect* Das indirekte Objekt ist mit dem Prädikat durch eine Präposition verbunden.
Sandrine achète des oranges ***sanguines.*** *Elle achète aussi des* ***bonnes*** *pommes.*	**Attribut,** Beifügung (was für ein...?) a) Das attributive Adjektiv *l'épithète du nom*
Elle aime la saveur[1] ***des oranges.***	b) *Le complément du nom*
Sandrine va ***au marché.*** ***Aujourd'hui*** *elle achète des oranges.* *Elle met les oranges* ***dans un panier***[2]. *Elle rentre* ***à cause de la pluie.***	**Adverbiale Bestimmung,** Umstandsbestimmung *le complément circonstanciel*

⚠ Das Attribut = *Le complément du nom.*
F/D *L'attribut* = Das Prädikativum, das Prädikatsnomen.

[1] Geschmack [2] Korb

- *Ce tableau est de Picasso,*
  aussi **[*vaut-il*]** très cher.

  Peut-être **[*dit-elle*]** *encore: N'agis pas lâchement*[1]*! ou* ***peut-être*** *me le* **[*dis-je*]** *moi-même, je ne sais plus ...* (a)

(Gide: La Porte Étroite)

Aussi ***A peine*** ***Peut-être*** ***Sans doute***	Prädikat	Subjekt: Pronomen

A peine *Sandrine* **[*est-elle*]** *rentrée que le téléphone sonne.* (b)

Aussi ***A peine*** ***Peut-être*** ***Sans doute***	Subjekt: Nomen	Prädikat	Subj.: Pron.

Die Inversion ist üblich nach: *aussi* (daher), *à peine* (kaum), *peut-être* (vielleicht), *sans doute* (sicherlich) am Satzanfang. Die Inversion ist auch möglich nach: *ainsi, au moins, du moins, encore, probablement, en vain, toutefois.* Die Inversion gilt als sehr gewählt und wird beim Sprechen nicht gebraucht.

a) Wenn das Subjekt ein Pronomen ist, steht es bei der Inversion hinter dem Verb.
b) Wenn das Subjekt ein Nomen ist, bleibt es bei der Inversion vor dem Verb stehen und wird hinter dem Verb durch das entsprechende Pronomen wiederholt.

- *Peut-être* ***qu'****il fera beau demain.*
  Sans doute ***qu'****elle viendra.*

[1] feige

Nach *peut-être, sans doute* und *probablement* kann *que* folgen. Dann steht keine Inversion.

2.3
-t- euphonique (bei Inversion)

*Qu'y a-****t****-il?*
*Que cherche-****t****-il?*
*Où va-****t****-elle?*
*A-****t****-on vu le voleur?*

Verb -*e* / -*a*	*-t-*	***il*** ***elle*** ***on***

Das *t euphonique* steht zwischen Verbformen auf *-e* oder *-a* und den Pronomen *il, elle, on*, um die Aussprache zu erleichtern. Vor und hinter dem *t* müssen Bindestriche stehen.

2.4
Stellung der wichtigsten Satzteile im französischen Satz

Le matin du ***16 avril,*** *le docteur Bernard Rieux sortit de son cabinet et buta*[1] *sur* ***un rat mort,*** *au milieu* ***du palier***[2]***.*** ***Sur le moment,*** *il écarta la bête sans y prendre garde et descendit* ***l'escalier.*** *Mais, arrivé* ***dans la rue,*** *la pensée lui vint que ce rat n'était pas* ***à sa place*** *et il retourna sur ses pas pour avertir*[3] ***le concierge.*** *Devant la réaction du vieux* ***M. Michel,*** *il sentit mieux ce que sa découverte avait* ***d'insolite***[4]***.*** *La présence de ce rat mort lui*

[1] stolpern [2] Treppenabsatz [3] benachrichtigen [4] ungewöhnlich

avait paru seulement bizarre tandis que, pour ***le concierge,*** *elle constituait* ***un scandale.*** *La position de ce dernier était d'ailleurs* ***catégorique:*** *il n'y avait pas de rats* ***dans la maison.*** *Le docteur eut beau l'assurer qu'il y en avait un sur le palier*[2] *du* ***premier étage,*** *et probablement* ***mort,*** *la conviction*[1] *de M. Michel restait* ***entière.*** *Il n'y avait pas de rats* ***dans la maison,*** *il fallait donc qu'on eût apporté celui-ci* ***du dehors.*** ***Bref***[2]***,*** *il s'agissait* ***d'une farce.***

(Camus: La Peste)

Die wichtigsten Satzteile stehen im Französischen am Satzende oder vor einer Pause im Satz.

⚠ F/D F/E Hierin unterscheidet sich die französische Sprache grundlegend vom Deutschen und vom Englischen, wo jedes Wort durch Betonung hervorgehoben werden kann. Die wichtigsten Wörter stehen im Deutschen und Englischen vorzugsweise am Satzanfang.

2.5
Verkürzung der Sätze auf die wichtigsten Satzteile

● Antigone: *Quel âge as-tu?*
Le Garde: ***Trente-neuf ans.***
Antigone: *Tu as des enfants?*
Le Garde: *Oui,* ***deux.***

(Anouilh: Antigone)

Vollständige Sätze:
J'ai ***trente-neuf ans.***
Oui, j'en ai ***deux.***

[1] die Überzeugung [2] kurz und gut

(Jocinte)

Noëlle: «L'ennui, connais pas.»

Vollständiger Satz:
L'ennui[1]*, je ne connais pas ça.*

Sandrine voit le chat de son amie:

Vollständiger Satz:
Moi, je suis Sandrine, toi, tu es Minou.

Besonders beim Sprechen können die Sätze auf die wichtigsten Satzteile verkürzt werden.

● **Séjours linguistiques pour vos enfants** pendant les vacances de Noël, de février, au printemps ou pendant les grandes vacances. Avec formules très souples et accueil familial en Grande-Bretagne, Allemagne, Espagne et aux Etats-Unis. Possibilité de combiner le sport et les études mais aussi de s'initier au théâtre, au reportage ou à l'informatique. (ESTO, 14, rue Clément Marot, 75008 Paris. Tél. 47.23.70.58). (BIBA)

Auch beim Schreiben gibt es die Möglichkeit, die Sätze auf die wichtigsten Satzteile zu verkürzen.
Das Verb, ein einleitendes *il y a* oder *c'est* werden weggelassen. Das wirkt lebendig, informativ.

[1] *l'ennui:* die Langeweile
Séjours linguistiques: Sprachferien – *accueil familial:* Aufnahme in Familien

Welches ist der Satzteil mit dem größten Mitteilungswert?

Sandrine sagt zum Beispiel:
„Morgen gehe ich zu Brigitte“.

Je nach der Gesprächssituation und dem Kenntnisstand des Gesprächspartners kann der Satzteil mit dem **größten Mitteilungswert** ein anderer sein[1]:

- „**Morgen** gehe ich zu Brigitte.“
  Daß Sandrine oft zu Brigitte geht, ist bekannt.
  Die neue, wichtige Mitteilung ist, daß das **morgen** geschieht.

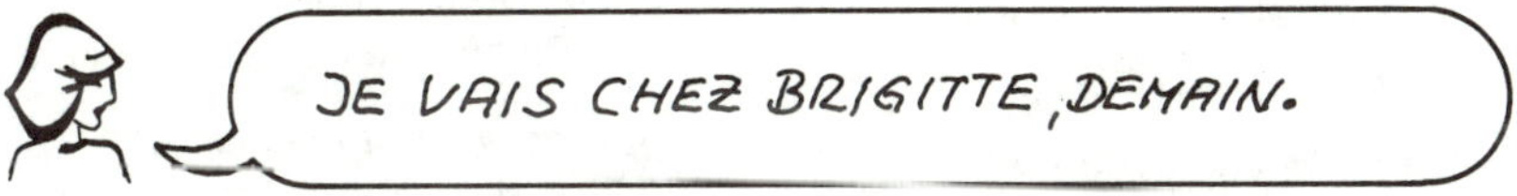

- „Morgen **gehe** ich zu Brigitte“.
  Daß Sandrine morgen bei Brigitte sein wird, ist bekannt.
  Die neue, wichtige Mitteilung ist, daß sie morgen **hingeht,** (und nicht fährt).

- „Morgen gehe **ich** zu Brigitte“.
  Daß Brigitte oft Besuch bekommt, ist bekannt.
  Die neue, wichtige Mitteilung ist, daß **Sandrine** morgen hingeht.

- „Morgen gehe ich **zu Brigitte.“**
  Daß Sandrine oft weggeht, ist bekannt.
  Die neue, wichtige Mitteilung ist, daß sie morgen **zu Brigitte** geht.

[1] In der Wissenschaft spricht man von der „Thema-Rhema-Gliederung“ des Satzes: „Thema“ bezeichnet das, was bereits bekannt ist, „Rhema“ bezeichnet die neue, wichtige Mitteilung.

2.6
Hervorhebung des Subjekts

Das Subjekt steht vorn im Satz (→2.1); der wichtigste Satzteil, der hervorgehoben werden soll, jedoch hinten (→2.4). Wenn das Subjekt besonders wichtig ist, verwenden die Franzosen einige Hilfskonstruktionen *(tournures de mise en relief)*, um das Subjekt ans Satzende oder vor eine Pause im Satz stellen zu können. Beispiele:

● *Louis XIV a construit ce château.*
Ce château a été construit par Louis XIV.|

Im passiven Satz steht das handelnde Subjekt am Satzende (→ 36.4).

● *Les films policiers*[1] *m'intéressent.*
***Ce qui** m'intéresse, ce sont les films policiers.*|

Nach *ce qui... ce sont (c'est)* rückt das Subjekt an das Satzende.

● *Deux livres me manquent encore.*
Il me manque encore deux livres.|

An den Satzanfang wird das „grammatische" Subjekt[2] *il* gestellt (→ 12.5), dadurch rückt das eigentliche Subjekt ans Satzende.

● *Sabine danse bien.*
***Elle** danse bien, Sabine.*
*Sabine, **elle** danse bien.*

Das Subjekt tritt ans Satzende oder vor eine Pause im Satz und wird an der unbetonten Stelle durch ein Pronomen vertreten.

[1] Kriminalfilme [2] Auf französisch: *Sujet grammatical*

● *J'ai dansé avec elle.*
*Moi, **j'ai** dansé avec elle.*
***J'ai** dansé avec elle, moi.*

Ist das Subjekt ein Personalpronomen, wird es durch ein zusätzliches unverbundenes Personalpronomen vertreten. (→ 12.1).

● *Sandrine a téléphoné.*
***C'est** Sandrine*| ***qui** a téléphoné.*
Tu es ma meilleure amie.
***C'est** toi*| ***qui** es ma meilleure amie.*
***C'est** toi*|*, ma meilleure amie.*[1]
*Ma meilleure amie, c'est **toi***|.

Durch die Umschreibungen mit *c'est... qui, ce sont... qui* tritt das Subjekt vor eine Pause oder an das Satzende.

● *Brigitte vient avec nous.*
Quant à[2] *Sandrine*|*, elle restera à la maison.*

Nach *quant à* tritt das Subjekt vor eine Pause und wird dadurch hervorgehoben.

● *Brigitte vient avec nous.*
Brigitte|*, **elle,** vient avec nous.* (a)
Brigitte|*, **ma meilleure amie,** vient avec nous.* (b)
Brigitte|*, **qui s'ennuie,** vient avec nous.* (c)
Brigitte|*, **cette fois,** vient avec nous.* (d)

Durch einen Einschub hinter dem Subjekt tritt dieses vor eine Pause. Dadurch wird es stärker beachtet.

Als Einschub bieten sich an:
a) Pronomen, b) Apposition, c) Relativsatz, d) adverbiale Bestimmung.

[1] *qui est...* ist weggelassen (Verkürzter Relativsatz → 17.12) [2] was... anbetrifft

2.7
Hervorhebung des Objekts

Wenn das Objekt ein Nomen ist, steht es ohnehin am Satzende. Schwierigkeiten gibt es nur, wenn das Objekt ein Pronomen ist.

Il ne me trompe pas.
*Il ne me trompe pas, **moi**.*
***Moi**, il ne me trompe pas.*
*Je lui ai tout dit, **à lui.***
*Je lui ai téléphoné, **à elle.***

Das Objektpronomen wird hervorgehoben, wenn es zusätzlich durch ein unverbundenes Personalpronomen ausgedrückt wird, das am Satzende oder vor einer Pause im Satz steht.

2.8
Die häufigste *tournure de mise en relief: C'est... qui/que Ce sont... qui/que*

● *Sylvie a téléphoné:*
***C'est** Sylvie **qui** a téléphoné.*

Tu es ma meilleure amie.
***C'est** toi (**qui** es) ma meilleure amie.* (a)

J'ai garé ma voiture devant la maison.
***C'est** ma voiture **que** j'ai garée devant la maison.* (b)

Au mois de juillet, elle ira en Bretagne:
***C'est** au de mois juillet **qu'**elle ira en Bretagne.* (c)

En s'entraînant elle deviendra une championne de tennis.
***C'est** en s'entraînant **qu'**elle deviendra une championne de tennis.* (d)

C'est... qui/que läßt sich vielseitig verwenden:
c'est... qui dient zur Hervorhebung a) eines Subjekts. (→ 2.6)
c'est... que dient zur Hervorhebung b) eines Objekts, c) einer adverbialen Bestimmung, d) eines *gérondif.*

● ***Ce sont** les cheminots[1] qui sont en grève.*
***C'est** les cheminots qui sont en grève.*

Beide Sätze sind richtig.

[1] die Eisenbahner.

test

Relevez les tournures de mise en relief et énoncez les règles.

1 Ce qui importe, c'est de se sentir bien et de porter ses vêtements avec plaisir.

(Marie-France)

2 C'est vous qui êtes la première, madame? (Romains: Knock)

3 Créon: ... J'ai dit «oui».
Antigone: Eh bien, tant pis pour vous. Moi, je n'ai pas dit «oui»! Qu'est-ce que vous voulez que cela me fasse, à moi, votre politique, votre nécessité, vos pauvres histoires? Moi, je peux dire «non». (Anouilh: Antigone)

4 Oui! Mais moi, j'aime ceux qui vivent aujourd'hui sur la même terre que moi, et c'est eux que je salue. C'est pour eux que je lutte et que je consens à mourir.

(Camus: Les Justes)

5 Garcin: Tu sais ce que c'est qu'un lâche, toi?
Inès: Oui, je le sais. (Sartre: Huis clos)

6 Toi aussi, tu es trop sûr de toi. (Romains: Knock)

7 Estragon: C'est toi qui le dis. Moi, je n'en sais rien. (Beckett: En attendant Godot)

je lutte: ich kämpfe – *je consens:* ich bin einverstanden – *un lâche:* ein Feigling

3 Frage

L'interrogation	die Frage

Le pronom interrogatif	das Interrogativpronomen, das Fragepronomen, das Fragefürwort

(Das *pronom interrogatif* steht allein.)

Qui *a téléphoné?*	Wer hat telefoniert?
Que *dis-tu?*	Was sagst du?

L'adjectif interrogatif	das adjektivische Interrogativpronomen, der Interrogativbegleiter

(Das *adjectif interrogatif* steht vor seinem Nomen.)

Quel *pull va avec ma jupe?*	Welcher Pulli paßt zu meinem Rock?
Quelle *couleur préfères-tu?*	Welche Farbe magst du am liebsten?

3.1
Die Frageponomen *qui, que, quoi*

● ***Qui*** *sonne?*
Qui *est là?*
Qui *vient?* (a)

Qui *cherches-tu?*
Qui *vois-tu?* (b)

Que *cherches-tu?*
Que *vois-tu?*
Qu' *as-tu?* (c)

Subjekt:	Objekt:
Qui ...? (= Wer ...?)	***Qui ...?*** (= Wen ...?) ***Que ...?**** (= Was ...?)

*Vor Vokal und stummen h: ***qu'***

⚠ *qui* wird nicht apostrophiert (→ 48.1).

a) *Qui ...?* fragt nach dem Subjekt oder nach dem Prädikatsnomen (Wer ...?).

b) *Qui ...?* fragt nach dem Objekt (Wen ...?), wenn eine Person gemeint ist.

c) *Que ...?* fragt nach dem Objekt (Was ...?), wenn eine Sache, eine Tätigkeit, ein Begriff usw. gemeint ist.

(Umschreibungen mit *est-ce que* → 3.11)

(*qui* und *que* stehen auch in der indirekten Frage → 5.6;
qui und *que* können auch Relativpronomen sein → 17.1)

● ***Quoi?***
Quoi *de neuf?* (a)

Que dis-tu?
Tu dis ***quoi?***
Qu'est-ce que ça signifie?
Ça signifie ***quoi?*** (b)

Quoi steht (statt *que*):
a) in Fragen ohne Verb,
b) am Ende einer Frage.

● ***Que** faire?* / ***Quoi** faire?*
*Je ne sais pas **que** faire.*
*Je ne sais pas **quoi** faire.*

Que steht vor Infinitiv in gehobener Sprache, sonst steht *quoi* vor Infinitiv.

3.2
Präposition + Fragepronomen

A qui	*penses-tu?*	
De qui	*parles-tu?*	
Avec qui	*es-tu venu?*	
Pour qui	*sont les fleurs?*	(a)
A quoi	*penses-tu?*	
De quoi	*parles-tu?*	
A quoi	*bon?*	(b)

Präposition	***qui*** (Person)	?
Präposition	***quoi*** (Sache)	?

a) Nach einer Präposition steht *qui*, wenn eine Person gemeint ist.
b) Nach einer Präposition steht *quoi* (nicht *que!*), wenn eine Sache, eine Tätigkeit, ein Begriff ... gemeint ist.

3.3
quel ...? (Formen)

***Quel** pull?*
***Quelle** couleur?*
***Quels** pulls?*
***Quelles** couleurs?*

Die Formen des *adjectif interrogatif* sind:

quel	***quelle***	welcher, welche
quels	***quelles***	welche

3.4
quel ...? (Gebrauch)

● ***Quel pull** préfères-tu?*
***Quel est** le pull d'Olivier?*

quel	Nomen	
quel	***être***	Nomen

Quel wird attributiv (vor dem Nomen) oder prädikativ (mit *être*) gebraucht.

● *Quelle couleur préfères-tu?* (a)
Dis-moi quelle couleur tu préfères? (b)
Quelle couleur bizarre! (c)

Quel kann einleiten:
a) direkte Frage,
b) indirekte Frage,
c) Ausruf.

3.5
lequel ...? (Formen)

Quel pull?	***Lequel?***
Quelle couleur?	***Laquelle?***

Die Formen von *lequel* sind:

	Mask.	Fem.
Sg.	***lequel***	***laquelle***
Pl.	***lesquels***	***lesquelles***

à + lequel:

Sg.	***auquel***	***à laquelle***
Pl.	***auxquels***	***auxquelles***

de + lequel:

Sg.	***duquel***	***de laquelle***
Pl.	***desquels***	***desquelles***

(*lequel* kann auch Relativpronomen sein → 17.6)

3.6
lequel . . .? (Gebrauch)

Quel pull-over prends-tu?
Lequel *prends-tu?*
Quelle couleur préfères-tu?
Laquelle *préfères-tu?*
De quelle actrice ont-ils parlé?
De ***laquelle*** *ont-ils parlé?*

Lequel steht für *quel* + Nomen.

3.7
Fragewörter (Adverbes interrogatifs)

Où *est Sandrine?*
Où *va Olivier?*
Quand *reviendra-t-il?*
Pourquoi *pas plus tôt*[1]*?*
Comment *allez-vous?*
Combien *as-tu payé?*

Fragewörter sind: *où* (wo/wohin), *d'où* (von wo), *quand* (wann), *depuis quand* (seit wann), *pourquoi* (warum), *comment* (wie), *combien* (wieviel) . . .

[1] früher

3.8
Einteilung der Fragen:

1. *Olivier est aux Etats-Unis?*
   – ***Oui.*** */ Je crois que* ***oui****.*
   Il va aussi au Canada, n'est-ce pas?
   – ***Non.*** */ Il a dit que* ***non.***
   Il n'ira pas voir les chutes du Niagara[2]*?*
   – ***Si.*** */ Il espère que* ***si.***

Entscheidungsfragen:
Der Fragende erwartet die Antworten *oui, non, peut-être, bien sûr . . .*
Oder er erwartet die Antwort *si* (doch) nach verneinten Entscheidungsfragen.

2. ***Quand*** *est-il parti?*
   – Au début des vacances.
   Où *va-t-il?*
   – A New York, à Washington . . .
   Avec qui *voyage-t-il?*
   – Avec des amis.

Ergänzungsfragen:
Der Fragende erwartet eine Auskunft. Ergänzungsfragen haben ein Fragewort. (→ 3.7)

3.9
Fragesatz (I): Inversionsfrage

● *Est-il aux Etats-Unis?*
Va-t-il au Canada?
Où va-t-il?
Quand reviendra-t-il?

(Fragewort)	Verb	Subjekt-pronomen	?

Das Subjektpronomen steht hinter dem Verb. (-t- → 2.3)

[2] Niagara-Fälle.

- *Que* [*fait*] [*Olivier*] *?*

  Quand [*partira*] [*M. Martin*] *?*

  Où [*jouent*] [*les enfants*] *?*

Fragewort	Verb	Nomen	–	?

Bei Ergänzungsfragen kann auch ein Nomen hinter dem Verb stehen, wenn kein Objekt folgt.

Folgt ein Objekt, muß die absolute Frageform (→ 3.10)

*Où Olivier met-il **ses disques**?*

oder die Umschreibung mit *est-ce que* (→ 3.11) verwendet werden:

*Où est-ce qu'Olivier met **ses disques**?*

- *Combien as-tu payé?*

Beim Sprechen kann nach den Fragewörtern *combien, comment, où, pourquoi, quand* auf die Inversion verzichtet werden.

3.10
Fragesatz (II): Absolute Frageform

Olivier [*est-**il***] *aux Etats-Unis?*

Le voyage [*durera-t-**il***] *longtemps?*

Cela [*est-**il***] *possible?*

*Quand **Olivier*** [*reviendra-t-**il***] *?*

*Pourquoi **Olivier** n'* [*a-t-**il***] *pas écrit?*

Les Parisiens sont-ils les plus fous? Un psychiatre pour 7539 habitants.
Les Normands (Seine-Maritime) sont-ils les plus raisonnables? Un psychiatre pour 20 164 habitants.

(Marie-Claire)

(Frage-wort)	Subjekt: Nomen	Verb	Subjekt: Pron.	?

Bei der absoluten Frageform wird das Subjekt (Nomen) vorangestellt, es folgt Inversion. Dabei wird das Subjekt ein zweites Mal durch das entsprechende Pronomen ausgedrückt.
Diese Frageform kann gebraucht werden, wenn das Subjekt ein Nomen oder *cela* ist.
Die absolute Frageform wird beim Schreiben verwendet, kaum beim Sprechen.

3.11
Fragesatz (III): Umschreibung mit *est-ce que / qui.*

- ***Est-ce que*** *Jean-Paul est là?*

  Est-ce qu'*il a apporté ses photos?*

  *Quand **est-ce que** Sandrine est venue?*

  *Pourquoi **est-ce qu'**elle est en retard?*

  *Qu'**est-ce que** Sandrine a apporté?*

  *Qui **est-ce que** Sandrine a amené?*

(Frage-wort)	***est-ce que***	Subjekt	Verb	?

Bei dieser Frageform folgt auf *est-ce que* ein Aussagesatz (ohne Inversion).

- ***Qui*** *est-ce **qui** est venu?*
  – Sandrine. (a)

  Qu'*est-ce **qui** t'intéresse?*
  – Les disques. (b)

  Qu'*est-ce **qu'il** faut faire?*
  – Je ne sais pas. (c)

Bei Fragen nach dem Subjekt steht *est-ce qui:*

a) Person: *Qui est-ce qui . . .?*
b) Sache: *Qu'est-ce qui . . .?*
c) Unpersönliches Subjekt: *Qu'est-ce qu'il . . .?*

(*Qui est-ce qui ...?* statt *Qui ...?* wird nur in den seltenen Fällen gebraucht, wo mit deutlichem Nachdruck nach einer Person gefragt wird.)

● *Qu'est-ce que la liberté (est)?*

Wenn das Subjekt ein Nomen ist, fällt *être* am Schluß der Frage weg.

● *Pourquoi* ***est-ce que*** *tu dis cela?*

Comment ***est-ce que*** *cela se fait?*

Quelle heure ***est-ce qu'****il est?*

Beim Sprechen verkürzen Franzosen gelegentlich die Umschreibung *est-ce que* auf *qu'* [k]. (Ausländer sollten diese Verkürzung nicht nachmachen.)

3.12
Fragesatz (IV): Aussagesatz als Fragesatz

● ***Qui*** *est là?*
Qui *a téléphoné?*

Qui (Subjekt) steht immer vor dem Verb.

● *Olivier est aux Etats-Unis?*
Il ne va pas au Canada?
Il a assez d'argent?
Pourquoi il n'a pas écrit?

(Fragewort) Subjekt Verb ?

Daß eine Frage gemeint ist, kann man bei diesen Sätzen nur an der Intonation (Heben der Stimme) oder am Fragezeichen erkennen.

● ***Pourquoi*** *tu dis ça?*

Ergänzungsfragen ohne Inversion können das Fragewort am Anfang oder am Ende der Frage haben.
Letztere wirken umgangssprachlich und können beim Schreiben nicht verwendet werden.

3.13
Infinitivsatz statt Fragesatz

Que dois-je penser de tout cela? /
Que ***penser*** *de tout cela?*

Où faut-il aller? /
Où ***aller****?*

JEUNES
Paris
nous voilà

Comment trouver un toit à Paris lorsqu'on arrive d'ailleurs et que l'on veut visiter la capitale ?

Ein Infinitivsatz statt eines ausformulierten Fragesatzes wirkt lebendig, expressiv.

Häufigkeit der verschiedenen Frageformen beim Sprechen und Schreiben:

	Inversionsfragen (3.9–3.10)	Fragen mit est-ce que (3.11)	Aussagesatz als Fragesatz (3.12)
Beim Sprechen:	7,5 %	7,5 %	**85** %
In Theaterstücken, Romandialogen:	12 %	8 %	**80** %
Beim Schreiben:	**92** %	1 %	7 %

Quelle: Ludwig Söll, Gesprochenes und Geschriebenes Französisch, Berlin 1980², Seite 141.

3.14
Wie bitte?

Comment? Pardon?

Plaît-il?

Estragon (inquiet): Et nous?
Vladimir: Plaît-il?
Estragon: Je dis, et nous?
Vladimir: Je ne comprends pas.

(Beckett: En attendant Godot)

Wenn man nicht verstanden hat, fragt man:
Comment?/Pardon?
(Höflich: Wie bitte?)
Quoi?/Hein?
(Umgangssprachlich: Was?)
Plaît-il?
(Veraltet: Wie beliebt?)

test

Relevez les différentes formes d'interrogation et énoncez la règle.

1 KNOCK: La population est pauvre?
MME PARPALAID: Très à l'aise, au contraire, et même riche.
(J. Romains:Knock)

2 En passant devant le F 4 j'ai vu la fenêtre de Bambi éclairée.
J'ai tapé au carreau. (...)
– Tiens Christophe? Pourquoi tu n'as pas sonné?
– Je ne suis pas en visite officielle.
– Qu'est-ce qui se passe?
– Je ne sais pas trop. Je peux entrer une minute? (...)
– Q'est-ce qui t'arrive?
– Je suis parti.
– Où ça?
(C. Rochefort: Printemps au Parking)

3 Les enfants n'aiment guère les légumes verts et les crudités. Risquent-ils de manquer de vitamines et de minéraux?
(Marie-Claire)

4 **Quoi de plus noble en France que le vin? Mais, hélas, les trafiquants n'en ont aucun respect.**

5
Qu'est-ce qui t'attire le plus chez une fille?
Son mystère.
Et ce qui te dérange le plus?
C'est trop facile de dire la vulgarité. Disons que je n'aime pas qu'une fille ait un maquillage outrancier. Et le pire, une grande gueule.
(Jeune et Jolie)

très à l'aise: sehr wohlhabend – *le F 4 (logement de quatre pièces)* – *J'ai tapé au carreau:* ich habe an die Fensterscheibe geklopft – *parti:* von zu Hause weggegangen – *Où:* wohin – *les crudités:* Rohkost – *t'attire:* dich anzieht – *un maquillage outrancier:* übertriebene Schminke – *une grande gueule:* ein großes Maul.

4 Verneinungen, verneinter Satz

La négation	die Negation, die Verneinung
*Tu viens ou tu **ne** viens **pas**?* *Je **ne** sais **pas**.*	Kommst du, oder kommst du nicht? Ich weiß nicht.

4.1
ne . . . pas (= nicht)

- *Tu **ne** viens **pas**?*

  *M. Dubois **n'**habite **pas** ici.*

  *Tu **n'**as **pas** mangé?*

  *Non, je **n'**ai **pas** faim.*

ne Verb ***pas***

„Nicht" wird im Französischen durch zwei Wörter ausgedrückt: *ne . . . pas*. *Ne* steht vor dem konjugierten Verb, *pas* dahinter.

n' Vokal / h (stumm)

Vor Vokal und stummem h steht *n'*.

- *Elle ne **m'**a pas téléphoné.* (a)

  *Elle ne **s'**est pas dépêchée.* (b)

  *Elle n'**y** a pas pensé.* (c)

ne ↑ Verb ***pas***

Objektpronomen
Reflexivpronomen
en, y

Zwischen *ne* und dem Verb können stehen:
a) Objektpronomen (→ 13),
b) Reflexivpronomen (→ 14),
c) *en, y* (→ 19).

- 

Beim Sprechen lassen Franzosen das *ne* häufig weg. (→ 4.8)

- *Oliver **n'**est **pas encore** arrivé.*

  *Je **ne** le connais **pas non plus**.*

  *Je **ne** suis **pas du tout** surpris. /*

  *Je **ne** suis **pas** surpris **du tout**.*

ne . . . pas kann ergänzt und verstärkt werden:
ne . . . pas encore (noch nicht),
ne . . . pas non plus (auch nicht),
ne . . . pas du tout (überhaupt nicht).

[1] [ʃsɛpa]

4.2

ne . . . point (= überhaupt nicht),
ne . . . guère (= kaum)

● *Je **n'**ai **point** de chance.*
*Je **n'**irai **point.***

ne . . . point bedeutet *ne . . . pas du tout.* Es ist literarisch, veraltet oder regional.

● *Tu connais M. Dubois?*
*Je **ne** le connais **guère.***
*Je **ne** le vois plus **guère** ici.*

Ne . . . guère bedeutet: kaum.
Es gehört der gehobenen Sprache an. Üblicherweise gebraucht man statt *ne . . . guère: ne . . . pas beaucoup, ne . . . pas souvent.*

4.3

ne . . . plus (= nicht mehr),
ne . . . jamais (= niemals)

● *Je **n'**ai **plus** soif.*
*Je **ne** veux **plus** boire.*

ne | Verb | ***plus***

Ne steht vor dem Verb, *plus* dahinter.

● *Je **n'**ai **jamais** dit cela.*
*Il **n'**en a **jamais** été question.*
***Jamais** je **n'**ai dit cela.*
***Jamais** il **n'**en a été question.*

ne | Verb | ***jamais***

Jamais | ***ne*** | Verb

Jamais kann hinter dem Verb stehen, oder es steht expressiv am Satzanfang.

4.4

ne...personne / personne ne...
(= niemand)

Personne kann Subjekt oder Objekt sein.

● *Je **ne** connais **personne** ici.*
*On **ne** voit **personne.***

ne | Verb | ***personne***

Personne ist Objekt: *Ne* steht vor dem Verb, *personne* dahinter.

● *Je n'ai **vu** personne.* (a)
*Je ne veux **voir** personne.* (b)
*Je ne parle **à** personne.* (c)

ne | Verb | ↑ | ***personne***

Partizip Perfekt
Infinitiv
Präposition

Zwischen Verb und *personne* können stehen:
a) Partizip Perfekt,
b) Infinitiv,
c) Präposition.

● ***Personne n'**est là.*
***Personne ne** m'a parlé.*

Personne | ***ne*** | Verb

Personne ist Subjekt: *Personne* und *ne* stehen vor dem Verb.

⚠ *Personne n'est venu*‸.
Personne (= niemand) ist nicht feminin wie *„la personne"*.

4.5

ne ... rien / rien ne ...
(= nichts)

Rien kann Subjekt oder Objekt sein:

- *Veux-tu boire quelque chose?*
  *Non, je **ne** veux **rien** boire.*
  *Je **n'**ai **rien** bu.*
  *Je **ne** veux **rien** d'autre.*

ne	Verb	rien

Rien ist Objekt: *Ne* steht vor dem Verb, *rien* dahinter.

- *Cela ne fait rien **du tout.***

Rien kann durch *du tout* verstärkt werden.

- *Je n'ai **absolument** rien contre lui.* (a)
  *Je ne vais m'**occuper** de rien.* (b)
  *Elle ne s'occupe **de** rien.* (c)

ne	Verb	↑	rien

Adverb
Infinitiv
Präposition

Zwischen Verb und *rien* können stehen:
a) Adverb,
b) Infinitiv,
c) Präposition.

- ***Rien ne** se passe.*
  ***Rien n'**est plus amusant qu'une conversation avec Olivier.*

Rien	ne	Verb

Rien ist Subjekt: *Rien* und *ne* stehen vor dem Verb.

⚠ *ne ... pas quelque chose* statt *ne ... rien* ist falsch.

4.6

ne ... aucun / aucun ne ...
(= kein)

Aucun kann zum Subjekt oder zum Objekt gehören:

- *Je **n'**ai **aucune** information précise.*
  *Il **n'**y a **aucun** doute.*
  *Je **ne** vais payer **aucuns** frais*[1].

aucun	♂	aucune	♀

Der Plural *aucuns* wird nur bei Nomen gebraucht, die keinen Singular haben.

- *Mme Dubois est secrétaire. Elle aime beaucoup faire la cuisine, mais n'en a **aucunement** le temps.*

Zu *aucun* gibt es das Adverb *aucunement.*

- *Elle **n'**a lu **aucun livre** intéressant.*
  *Il **n'**y a **aucune difficulté.***

ne	Verb	aucun	Nomen: Objekt

Aucun gehört zum Objekt: *Ne* steht vor dem Verb, *aucun* vor dem Nomen (Objekt) hinter dem Verb.

- *Elle n'a **lu** aucun livre intéressant.* (a)
  *Elle ne veut **faire** aucune concession*[2]. (b)
  *Je ne m'attends **à** aucune difficulté.* (c)

ne	Verb	↑	aucun	Nomen: Objekt

Partizip Perfekt
Infinitiv
Präposition

---
[1] Kosten [2] Zugeständnis

Zwischen Verb und *aucun* können stehen:
a) Partizip Perfekt,
b) Infinitiv,
c) Präposition.

● ***Aucune décision n'****a été prise.*
Aucune erreur n'*est possible.*

Aucun	Nomen: Subjekt	***ne***	Verb

Aucun gehört zum Subjekt: *Aucun* steht vor dem Nomen, und diesem folgt *ne*.

● *Je n'ai acheté* ***aucun*** *de ces livres.*
Je n'en ai acheté ***aucun.***
Aucun *ne me plaît.*

Aucun kann auch allein (ohne Nomen) gebraucht werden

nul ne ..., ne ... nul bedeutet dasselbe wie *aucun*. Es wird jedoch nur beim Schreiben gebraucht.

nulle part (nirgends) wird auch beim Sprechen gebraucht:

Papa a cherché ses lunettes partout, mais il ne les a trouvées nulle part.

4.7
ne ... ni ... ni / ni ... ni ... ne
(= weder noch)

● *Quel pull préfères-tu?*
Je ***n'****aime* ***ni*** *l'un* ***ni*** *l'autre.*

ne	...	***ni***	1. Objekt	***ni***	2. Objekt

Ni ... ni gehören zum Objekt: *ne* steht vor dem Verb, *ni* vor jedem Objekt.

● ***Ni*** *l'un* ***ni*** *l'autre* ***ne*** *me plaît /*
... plaisent.

Ni	1. Subjekt	***ni***	2. Subjekt	***ne***	...

Ni ... ni gehören zum Subjekt: *ni* steht vor jedem Subjekt, *ne* vor dem Verb.

● *Je* ***ne*** *veux* ***ni ne*** *peux acheter de nouvelle voiture.*

ne	1. Verb	***ni ne***	2. Verb

Bei der Verneinung zweier Verben stehen:
ne vor jedem Verb,
ni ne erst vor dem 2. Verb.

● *Sandrine* ***n'****achète* ***pas*** *de pull,*
Brigitte ***non plus.*** (a)
Elle dit:
Je ***n'****aime* ***pas*** *le pull rouge*
ni *le pull jaune. /*
le pull jaune ***non plus.*** (b)
Il ***n'****est* ***pas*** *beau* ***ni*** *chaud.* (c)

ne ... ni ... ni gehören zur gehobenen Sprache. Beim Sprechen und Schreiben verwendet man lieber:

(a)

1. Subjekt	***ne***	...	***pas***	,	2. Subjekt	***non plus***

(b)

ne	...	***pas***	1. Objekt	***ni***	2. Objekt

ne	...	***pas***	1. Objekt	,	2. Objekt	***non plus***

(c)

ne	...	***pas***	1. Prädikativum	***ni***	2. Prädikativum

4.8
Verneinung ohne *ne*

- 

Beim Sprechen im privaten Kreis wird das *ne* sehr häufig weggelassen. Beim Schreiben ist das nicht erlaubt.

- *J'ai trouvé l'hôtel*
  ***sans** aucune difficulté/*
  ***sans** demander à personne.*

Nach *sans* steht kein *ne.*

4.9
Verneinung nur mit *ne*

- *N'importe*$_{\wedge}$ *qui ...*
  (wer auch immer ...)
  *Si je **ne** me trompe*$_{\wedge}$ *...*
  (wenn ich mich nicht irre ...)

Die Verneinung nur mit *ne* (ohne *pas*) ist in einigen Redewendungen üblich.

Im korrekten Französisch muß das *ne* in zwei Fällen weggelassen werden:

- *Sandrine est déjà là? – Non, **pas** encore.*
  *Tu vas souvent au cinéma? – Non, **jamais.***

  *Tu as vu quelqu'un? – Non, **personne.***
  *Senlis est une ville **pas** loin de Paris.*

Das *ne* fehlt in Sätzen ohne Verb, z. B. in kurzen Antworten, Ausrufen, verkürzten Relativsätzen.

- *Sandrine **ne** cesse*$_{\wedge}$ *de se plaindre.*
  *Olivier **n'**ose*$_{\wedge}$ *l'interrompre.*
  *On **ne** peut*$_{\wedge}$ *discuter avec elle.*
  *Il **ne** saurait*$_{\wedge}$ *le faire.*

Die Verneinung nur mit *ne* (ohne *pas*) ist bei einigen Verben möglich: *cesser* (aufhören), *oser* (wagen), *pouvoir* (können), *savoir* (wissen).

Das Weglassen des *pas* ist nur beim Schreiben möglich und wirkt sehr gewählt.

4.10
ne «explétif»

*Je crains qu'il **(ne)** soit trop tard.* (a)
*Je ne doute pas qu'il **(ne)** dise la vérité.* (b)
*Dépêche-toi avant qu'il **(ne)** soit trop tard.* (c)
*C'est plus difficile que je **(ne)** l'avais pensé.* (d)

Es wirkt sehr gewählt, wenn ein zusätzliches *ne* eingefügt wird:

a) nach Verben des Fürchtens,
b) nach verneintem *douter, empêcher, éviter*[1], *nier,*
c) nach *avant que, à moins que, de peur que, en attendant que,*
d) im Vergleichsatz.

Der Gebrauch des *ne explétif* ist freigestellt, nicht verpflichtend[2].

4.11
Verneintes Partizip Präsens, verneinter *gérondif*

*Elle est partie ne **voulant** pas attendre plus longtemps.*

*Ne me **reconnaissant** pas, elle ne m'a pas salué.*

*En ne le **saluant** plus, elle l'a vexé*[3].

ne	Verbform auf **-ant**	**pas** / **plus** / **jamais**

↑ Objektpronomen, Reflexivpronomen, ***en, y***

Ne steht vor der Verbform auf *-ant; pas, plus, jamais, rien*... dahinter.

Zwischen *ne* und der Verbform auf *-ant* können stehen:
Objektpronomen, Reflexivpronomen, *en* und *y*.

4.12
Verneinter Infinitiv

- *Je préfère **ne pas** aller à la plage.*
  *J'ai invité quelques amis pour **ne pas** être seul.*

*Et cela ne peut pas **ne pas** être vrai.*
(Anouilh: L'Alouette)

■ Une petite fille et son père chez le médecin :
– Mais tu n'as rien, tu n'es pas malade. Je suis sûr que c'est une excuse pour ne pas aller à l'école.
– Oh non ! c'est plutôt papa qui a trouvé une excuse pour ne pas aller au bureau.

(France-Soir Magazine)

ne	**pas**	Infinitiv

Ne pas stehen vor dem Infinitiv.
Ebenso: *Ne jamais, ne rien.*

---

[1] vermeiden [2] Tolérances (1976) Nr. 29
[3] beleidigt *plutôt:* eher

Zwischen *ne pas* und dem Infinitiv können stehen:
Objektpronomen, Reflexivpronomen, *en* und *y*.

- *Il affirme **ne pas** avoir menti.*
  *Il affirme **n'**avoir **pas** menti.*

  *Il affirme **ne pas** être un menteur.*
  *Il affirme **n'**être **pas** un menteur.*

Bei *avoir* und *être* können in gewählter Sprache *ne* vor und *pas* hinter dem Infinitiv stehen.

4.13
non pas

*Je vous ai demandé un jus d'orange et **non pas** un café au lait.*

*Je connais Sandrine, mais **non pas** Nicole.* (a)
*Je connais Sandrine, mais **non** Nicole.* (b)
*Je connais Sandrine, mais **pas** Nicole.* (c)

Wenn von zwei Satzgliedern eines verneint wird, steht:
a) *non pas,*
b) *non* (gehobene Sprache),
c) *pas* (Umgangssprache).

4.14
non seulement ... mais aussi / encore

- ***Non seulement** sa femme, **mais aussi** sa fille furent tuées dans un accident.*
  *Sandrine fait **non seulement** de la danse, **mais encore** du tennis.*

„Nicht nur ... sondern auch" ist zu übersetzen mit *non seulement ... mais aussi / encore.*

- *Sandrine **ne** veut **pas seulement** danser, **mais aussi** flirter.*

Die Formulierung *ne ... pas seulement ... mais aussi* ist ebenfalls möglich.

4.15
Positiver Gebrauch von *aucun, jamais, personne, rien*

*Crois-tu qu'il y aura **aucune** difficulté?*
(... **irgendeine** Schwierigkeit)
*Si **jamais** tu viens à Paris, n'oublie pas de visiter le Centre Pompidou.*
(Wenn du **jemals** ...)
*Rester fidèle à **jamais.***
(... für **immer.**)
*Je le dis sans vouloir critiquer **personne.***
(... ohne **jemanden** zu kritisieren.)
*Sandrine est repartie sans **rien** dire.*
(... ohne **etwas** zu sagen.)

Aucun, jamais, personne und *rien* können auch positiv gebraucht werden, ohne *ne*.
Der positive Gebrauch von *aucun* wirkt sehr literarisch-gesucht.

test

Relevez les négations et énoncez les règles.

1 Tu ne dis rien – pourquoi ne réponds-tu pas?
(Sartre: Les Mouches)

2 Stépan, personne ici n'est de ton avis. La décision est prise.
(Camus: Les Justes)

3 Adrienne descendit la rue sans rencontrer personne.
(Julien Green: Adrienne Mesurat)

4

L'alimentation du cycliste

- *Ne jamais partir à jeun ou immédiatement après un repas.*
- *Éviter les aliments lourds et difficiles à digérer.*
- *Ne pas prendre d'alcool.*
- *Emporter dans sa sacoche des fruits secs, du sucre, des pâtes de fruits, etc., pour éviter les « coups de pompe ».*
- *Ne pas boire très frais, ni surtout glacé.*

5 **34 millions d'hommes sont en train de mourir de faim. La plupart sont Africains. Là-bas, dans les pays d'Afrique, il fait trop chaud, il ne pleut jamais et rien ne pousse. Le devoir des pays riches c'est de les aider.**

6 Les jeunes gens:
Ils sont capables de rester des après-midi entiers à ne rien faire. Ils ne parlent pas vraiment, ils écoutent de la musique, toujours les mêmes disques.
(Marie Cardinal: La Clé sur la Porte)

7 – Non, dit Charles avec force. Non, non et non, c'est pas le Panthéon.
(Queneau: Zazie dans le Métro)

à jeun: mit nüchternem Magen – *immédiatement:* sofort – *digérer:* verdauen – *pâtes de fruits:* Geleefrüchte – *avoir un coup de pompe:* K.O. sein – *glacé:* eisgekühlt

5 Indirekte Rede, indirekte Frage

Le discours indirect	die indirekte Rede, die nichtwörtliche / abhängige Rede
L'interrogation indirecte	die indirekte Frage

5.1
Que (= daß)

- *Brigitte dit **qu'**elle a la grippe.*
  *Elle raconte **que** le docteur est venu la voir.*
  *Sa mère écrit au directeur **qu'**elle n'ira pas à l'école.*

il dit	***que***	indirekte Rede

Die indirekte Rede wird mit *que* eingeleitet.

⚠ Brigitte sagt, **daß** sie Grippe hat.
F/D Brigitte sagt, ∧sie habe Grippe.
F/E *Brigitte says ∧she has the flu.*

Brigitte dit à son père:
*Tu **sais,** ∧ j'ai eu dix en dictée*[1].

Abweichend vom Deutschen und Englischen darf im Französischen das *que* nicht weggelassen werden (außer nach *savoir*).

⚠ Brigitte sagt, sie **habe** Grippe.
F/D *Brigitte dit qu'elle **a** la grippe.*

Im Deutschen kann der Konjunktiv in der indirekten Rede stehen. Im Französischen steht nach *il dit, il raconte que* usw. kein *subjonctif*.

[1] eine „Zehn" im Diktat

5.2
Zeitenfolge bei der indirekten Rede

- *Brigitte dit: J'**ai** la grippe.*
  *Le docteur **est venu**. Il m'**a fait** une piqûre*[1]*. Il **reviendra** demain.*
  *Brigitte dit qu'elle **a** la grippe, que le docteur **est venu** et qu'il **reviendra** demain.*

Hauptsatz:	Indirekte Rede:
Präsens	Präsens / Perfekt / Futur

Wenn der Satz, der den Sprecher bezeichnet, im Präsens steht, bleiben die Zeiten der direkten Rede in der indirekten Rede erhalten.

- *Brigitte **a dit** qu'elle **avait** la grippe, que le docteur **était venu** et qu'il **reviendrait** demain.*

Hauptsatz:	Indirekte Rede:
Vergangenheit	Imperfekt / Plusquamperf. / Konditional I

[1] Er hat mir eine Spritze gegeben.

Wenn der Satz, der den Sprecher bezeichnet, in einer Zeit der Vergangenheit steht, folgen in der indirekten Rede: Imperfekt (für Präsens), Plusquamperfekt (für Perfekt), Konditional I (für Futur).

5.3
Veränderung der Pronomen

Brigitte dit: ***J'****ai la grippe.*
*Brigitte dit qu'****elle*** *a la grippe.*

Brigitte dit: Le docteur ***m'****a fait une piqûre.*

Brigitte dit que le docteur ***lui*** *a fait une piqûre.*

Brigitte demande: Où sont ***mes*** *revues?*
Brigitte demande où sont ***ses*** *revues.*

Die Pronomen werden in der indirekten Rede und in der indirekten Frage verändert – wie im Deutschen und im Englischen: *je* 〉 *il / elle* – *me* 〉 *le / la / lui* – *mon, ma, mes* 〉 *son, sa, ses* ...

5.4
Veränderung der Orts- und Zeitadverbien

Elle me dit: Papa n'est pas ***ici.***
Elle m'a dit que papa n'était pas ***là.***

Elle me dit: Papa est ***maintenant*** *en ville.*
Elle m'a dit que papa était ***alors*** *en ville.*

Elle me dit: Papa te téléphonera ***demain.***
Elle m'a dit que papa me téléphonerait ***le lendemain.***

In der indirekten Rede stehen *là* (für *ici*), *alors* (für *maintenant*), *le lendemain* (für *demain*), *ce jour-là* (für *aujourd'hui), la veille* (für *hier*)...

5.5
Imperativ

Olivier dit à Sandrine:
– ***Viens*** *vite.*
Olivier lui dit

qu'elle ***doit*** *venir vite.*	(a)
*qu'****il faut*** *venir vite.*	(b)
de ***venir*** *vite.*	(c)
qu'*elle* ***vienne*** *vite.*	(d)

Der Imperativ der direkten Rede muß in der indirekten Rede umschrieben werden, zum Beispiel mit:

a) *devoir* (müssen),
b) *il faut,*
c) Infinitiv,
d) *que + subjonctif* (→ 35.6).

5.6
Indirekte Frage

● *Olivier demande à Sandrine:*
Es-tu prête?
Il demande à Sandrine
si *elle est prête ou* ***s'****il doit attendre.*

Indirekte Entscheidungsfragen werden mit *si* (= ob) eingeleitet.
Vor *il* und *ils* steht nur: *s'*. (→ 48.2)

● *Olivier demande à Sandrine:*
Où *vas-tu* *ce soir?*
Olivier demande à Sandrine
où elle va ce soir.

A quoi *penses-tu* *?*
Dis-moi à quoi tu penses.

Qui |*est-il*| *?*

Dis-moi qui il est.

Die indirekte Frage enthält keine Inversion und hat kein Fragezeichen – wie im Deutschen und im Englischen.

In der indirekten Frage ist die Inversion nur möglich, wenn das Subjekt ein Nomen ist und wenn das Fragewort nicht *pourquoi* ist:

Je ne sais pas où
|*jouent* | *les enfants*|. /
... où les enfants jouent.

● ***Qu'est-ce qui** se passe ici?*

⚠ *Il demande **ce qui** se passe ici.*

***Qu'est-ce que** tu veux?*

*Je veux savoir **ce que** tu veux.*

Unterscheide:

Direkte Frage	Indirekte Frage
Qu'est-ce qui	***ce qui***
Qu'est-ce que	***ce que***

(→ 3.11)

Alle vier Formen werden im Deutschen mit „was" übersetzt.

Der Gebrauch von *qu'est-ce que* statt *ce que* in der indirekten Frage ist schlechte Umgangssprache:

5.7
Indirekte Frage (Besonderheiten)

⚠ F/D **Der Grund, warum** sie nicht in die Schule gekommen ist ...

(Falsch: *La raison pourquoi ...*)

La raison pour laquelle elle n'est pas allée en classe est ...

La raison de son absence est ...

La raison qui explique son absence est ...

Die Frage, ob sie krank ist ...

(Falsch: *La question si elle est malade ...*)

La question de savoir si elle est malade ...

Ich habe **nachgedacht, was** dieses Wort bedeutet.

(Falsch: *J'ai réfléchi ce que ...*)

J'ai réfléchi pour savoir ce que ce mot signifie.

J'ai réfléchi à la signification de ce mot.

Im Gegensatz zum Deutschen kann im Französischen die indirekte Frage nicht von einem Nomen oder einem intransitiven Verb abhängen.
Man muß bei der Übersetzung vom Deutschen ins Französische geeignete Umschreibungen suchen.

test

Cherchez le mot qui introduit le discours indirect ou l'interrogation indirecte, et énoncez les règles.

1 On ne sait jamais ce qui peut arriver. (Camus: L'Etranger)

2 Je lui ai demandé s'il ressemblait à sa mère. Il a répondu «oui» et il s'est mis à me parler d'elle. (Marie Cardinal: La Clé sur la Porte)

3 Ce soir, Marie est venue me chercher et m'a demandé si je voulais me marier avec elle. (Camus: L'Etranger)

Nomen, Artikel

6 Genus der Nomen

Le nom / le substantif	Das Nomen / das Substantiv, das Hauptwort
Le genre grammatical: masculin, féminin	das Genus, das grammatische Geschlecht: Maskulinum, Femininum; männlich, weiblich
le / *un* *la* / *une*	der, die / ein, eine

6.1
Natürliches Geschlecht

un *homme* – ***une*** *femme*
le *monsieur* – ***la*** *dame*
le *père* – ***la*** *mère*
un *ami* – ***une*** *amie*
le *vendeur* – ***la*** *vendeuse*

le *coq* – ***la*** *poule*
le *chien* – ***la*** *chienne*
le *chat* – ***la*** *chatte*
le *lion* – ***la*** *lionne*

Bei vielen Nomen richtet sich der Artikel nach dem natürlichen Geschlecht.

6.2
Das gleiche Nomen für beide Geschlechter

un/une *artiste*	***un/une*** *enfant*
le/la *camarade*	***le/la*** *journaliste*
le/la *collègue*	***le/la*** *locataire*[1]
le/la *complice*	***le/la*** *malade*
le/la *dentiste*	***le/la*** *secrétaire*
un/une *élève*	***le/la*** *touriste ...*

Nur am Artikel kann man bei diesen Nomen erkennen, ob ein männliches oder weibliches Wesen gemeint ist[2].

6.3
Geschlecht der Nomen auf -eur

● ***le*** *direct**eur**,* ***le*** *profess**eur**,*
le *mot**eur**,* ***le*** *radiat**eur** ...*

la *doul**eur**,* ***une*** *err**eur**,*
la *grand**eur**,* ***la*** *terr**eur** ...*

Die Nomen auf *-eur* sind männlich, wenn sie etwas Konkretes bezeichnen.
Die Nomen auf *-eur* sind weiblich, wenn sie etwas Abstraktes bezeichnen.
(Ebenso: *la sueur, la vapeur*)

● *le bonheur, le malheur, un honneur*

Diese drei abstrakten Nomen auf *-eur* sind männlich.

[1] der Mieter / die Mieterin.

[2] Beachte auch: Tolérance Nr. 16

Charakteristische Endungen

maskuline Nomen:

le *garage*, **le** *manège* ...[1]
Ausnahmen: *la cage, la page* (Seite), *la plage, la rage, une image*
le *commissaire*, **le** *dictionnaire* ...
le *cheval*, **le** *signal* ...
le *bureau*, **le** *château* ...
le *document*, **le** *talent* ...
le *billet*, **le** *guichet* ...
le *cahier*, *le métier* ..
le *dessin*, **le** *voisin* ...
le *socialisme*, **le** *tourisme*
le *devoir*, **le** *trottoir* ...
le *ballon*, **le** *crayon* ...
Ausnahme: *la leçon*

⚠ F/D [1] Im Deutschen sind alle Nomen auf *-age* und *-ege* weiblich: die Garage, die Etage, die Manege

feminine Nomen:

la *promenade*, **la** *salade* ...
la *distance*, **la** *différence* ...
une *idée*, *la journée*
Ausnahmen: *le lycée, le musée, le trophée*
une *échelle*, **la** *nouvelle* ...
une *étrangère*, **une** *infirmière* ...
une *hôtesse*, **la** *princesse* ...
la *bicyclette*, **la** *cigarette* ...
la *danseuse*, **la** *vendeuse* ...
la *librairie*, **la** *maladie* ...
Ausnahme: *un incendie*

la *cousine*, **la** *cuisine* ...
la *conversation*, **la** *télévision* ...
Ausnahmen: *un avion, le million*
la *chemise*, **la** *surprise* ...
la *nationalité*, **la** *moitié* ...
Ausnahmen: *le comité, le côté, le député, un été, le pâté, le traité*
une *inquiétude*, **la** *servitude* ...
la *nature*, **la** *culture* ...
Ausnahme: *le murmure*

Gleichlautende Nomen mit unterschiedlichem Genus und unterschiedlicher Bedeutung

le *critique*	der Kritiker	**le** *manche*	der Stiel
la *critique*	die Kritik	**la** *manche*	der Ärmel
le *garde*	der Wächter	**le** *manœuvre*	der ungelernte Arbeiter
la *garde*	die Wache	**la** *manœuvre*	das Manöver
le *livre*	das Buch	**le** *mode*	die Art und Weise
la *livre*	das Pfund	**la** *mode*	die Mode

(Fortsetzung)

***le** mort*	der Tote	***le** poste*	der Posten
***la** mort*	der Tod	***la** poste*	das Postamt
***le** pendule*	das Pendel	***le** tour*	die Tour ⚠
***la** pendule*	die Wanduhr	***la** tour*	der Turm
***le** physique*	das Aussehen	***le** vase*	die Vase
***la** physique*	die Physik	***la** vase*	der Schlamm
***le** poêle*	der Ofen	***le** voile*	der Schleier
***la** poêle*	die Bratpfanne	***la** voile*	das Segel

⚠ F/D **Einige Nomen, die im Französischen und im Deutschen ähnlich lauten, haben ein unterschiedliches Genus:**

***le** banc*[1]	die Bank	***le** manège*	die Manege
***le** beurre*	die Butter	***le** mark*	die Mark
***le** bouillon*	die Bouillon	***le** masque*	die Maske
***le** buste*	die Büste	***le** melon*	die Melone
***le** canon*	die Kanone	***le** microbe*	die Mikrobe
***le** carrosse*	die Karosse	***le** million*	die Million
***le** chiffre*	die Ziffer	***le** nez*	die Nase
***le** chocolat*	die Schokolade	***le** nombre*	die Nummer
***le** chrysanthème*	die Chrysantheme	***un** opéra*	eine Oper
***le** cigare*	die Zigarre	***le** parti*	die Partei
***le** citron*	die Zitrone	***le** passage*	die Passage
***le** contrôle*	die Kontrolle	***le** plat*	die Platte
***le** diagnostic*	die Diagnose	***le** reportage*	die Reportage
***le** domaine*	die Domäne	***le** rôle*	die Rolle
***un** épisode*	eine Episode	***le** show*	die Show
***un** étage*	eine Etage	***le** tour*	die Tour
***le** front*	die Front	***le** trophée*	die Trophäe
***le** fruit*	die Frucht	***le** tube*	die Tube
***le** gage*	die Gage	***un** uniforme*	eine Uniform
***le** garage*	die Garage	***le** vase*	die Vase
***le** geste*	die Geste	***le** violon*	die Violine
***le** groupe*	die Gruppe	...	

⚠ *le banc:* Bank zum Sitzen – *la banque:* Geldinstitut

(Fortsetzung)

***une** alarme*	ein Alarm	***la** molécule*	das Molekül
***une** ancre*	ein Anker	***la** nicotine*	das Nikotin
***une** auto*	ein Auto	***la** pénicilline*	das Penizillin
***la** Renault*	der Renault	***la** photo*	das Foto
***la** Volkswagen*	der Volkswagen	***la** place*	der Platz
***la** bière*	das Bier	***la** planète*	der Planet
***la** chanson*	das Chanson	***la** poudre*	das Puder
***la** croix*	das Kreuz	***la** radio*	das Radio
***la** danse*	der Tanz	***la** rime*	der Reim
***la** date*	das Datum	***la** salade*	der Salat
***la** dispute*	der Disput	***la** salle*	der Saal
***une** étoffe*	ein Stoff	***la** topaze*	der Topas
***la** forêt*	der Forst	***la** tour*	der Turm
***une** interview*	ein Interview	***la** valse*	der Walzer
***la** marche*	der Marsch	***la** vitamine*	das Vitamin
***la** mer*	das Meer	...	

Le Tour de France

6.4
Geschlecht der Länder

- ***la** France, **la** Belgique, **la** Suisse ...*

Die meisten Ländernamen sind weiblich.

- ***le** Brésil, **le** Canada, **le** Danemark, **le** Japon, **le** Liban, **le** Luxembourg, **le** Mexique, **le** Portugal, **le** Pérou, **le** Vénézuéla ...*

Einige Ländernamen sind männlich.

6.5
Geschlecht der Städte

Venise[1] *est beau / belle.*
Paris est beau. Le Tout-Paris.
Tokyo est grand.
La ville de Paris est belle.

Das Geschlecht der Städte ist unklar. Die Tendenz geht zum Maskulinum. Die Umschreibung *la ville de ...* umgeht diese Schwierigkeit.

[1] Venedig

6.6
Geschlecht der Automarken

***la** Renault, **une** Peugeot, **la** Mercédès, **la** Volkswagen, **une** Opel, **la** jeep ...*

Die Automarken sind weiblich.

«France-Soir» a essayé pour vous la Peugeot 405
par Jean-François DESTIN (Page 21)

7 Plural der Nomen

Le pluriel	der Plural, die Mehrzahl

7.1 Plural auf -s

- *deux élèves*
  toutes les écoles
  des livres

les	***-s***

Die meisten Nomen werden im Plural mit *-s* geschrieben.

⚠ F/E [døz‿elɛv‸], [tut lez‿ekɔl‸], [de livrᵊ‸]

(De Gaulle: Discours de Tananarive)

Im Gegensatz zum Englischen wird das Plural-*s* nicht ausgesprochen.

- *le temps* – *les temps*
  le pays – *les pays* [pei]
  le fils – *les fils* [fis]

  le prix – *les prix*
  la voix – *les voix*

  le gaz – *les gaz*
  le nez – *les nez*

Nomen, die bereits im Singular auf *-s*, *-x*, *-z* enden, bekommen im Plural kein weiteres *-s*.

- *le bœuf*[1] [bœf] – *les bœufs* [lebø]
  l'œuf[2] [lœf] – *les œufs* [lezø]
  l'os[3] [lɔs] – *les os* [lezo]
  l'œil [lœj] – *les yeux* [lezjø]
  monsieur [məsjø] – *messieurs* [mesjø]
  madame [madam] – *mesdames* [medam]
  mademoiselle [madmwazɛl] – *mesdemoiselles* [medmwazɛl]

Einige Nomen werden im Singular und Plural unterschiedlich ausgesprochen.

- *M. Martin, les Martin‸.*
  La famille Dupont, les Dupont‸.

In korrektem Französisch bekommen die Familiennamen kein *-s*.
(Das Plural-*s* an einem Familiennamen gilt jedoch nicht mehr als Fehler.)[4]

7.2 Plural auf -x

- *le bur**eau*** – *les bur**eaux***
  *le morc**eau*** – *les morc**eaux***
  *le tuy**au***[5] – *les tuy**aux***

un	***-eau***	***des***	***-eaux***
un	***-au***	***des***	***-aux***

Die Nomen auf *-au* und *-eau* werden im Plural mit *-x* geschrieben.

[1] Ochse [2] Ei [3] Knochen [4] Tolérances (1976), Nr. 17a [5] das Rohr

- *l'anim**al*** – *les anim**aux***
  *le chev**al*** – *les chev**aux***
  *le journ**al*** – *les journ**aux***

un	-al		des	-aux

Die Nomen auf *-al* bilden den Plural auf *-aux* [o].

Ausnahmen: *le bal – les bals, le chacal – les chacals, le festival – les festivals* . . .

- *le chev**eu*** – *les chev**eux***
  *le f**eu*** – *les f**eux***
  *le li**eu*** – *les li**eux***

un	-eu		des	-eux

Die Nomen auf *-eu* werden im Plural mit *-x* geschrieben.
Ausnahmen: *le bleu*[1] *– les bleus, le pneu – les pneus.*

[1] die blaue Stelle

7.3
Plural auf -x (Besonderheiten)

- *le chandail* – *les chandails*
  le détail – *les détails* . . .

le corail – *les cor**aux***
le travail – *les trav**aux***
le vitrail[1] – *les vitr**aux*** . . .

Die meisten Nomen auf *-ail* werden im Plural mit *-s* geschrieben.

Einige Nomen auf *-ail* haben jedoch im Plural die Endung *-aux* [o].

- *le fou* – *les fous*
  le trou – *les trous* . . .

le bijou – *les bijou**x***
le caillou[2] – *les caillou**x***
le chou – *les chou**x***
le genou – *les genou**x***
le joujou – *les joujou**x***
le pou[3] – *les pou**x*** . . .

Die meisten Nomen auf *-ou* werden im Plural mit *-s* geschrieben.

Einige Nomen auf *-ou* haben jedoch im Plural die Endung *-x.*

- *le ciel* – *les ciels*
  les cieux

  l'idéal – *les idéals*
  les idéaux

Diese Wörter haben zwei Pluralformen: *cieux*[4] wird nur im übertragenen Sinne gebraucht; *idéals* ist häufiger als *idéaux.*

[1] das Kirchenfenster [2] der Kieselstein [3] die Laus [4] *Notre père qui êtes aux **cieux.** Le royaume des **cieux*** (das Himmelreich)

7.4
Plural der zusammengesetzten Nomen

- *la pomme de terre*
  *les pomme**s** de terre*

  le thé au citron
  *les thé**s** au citron*

Nomen↑ | ***de/à*** | Nomen
verändert

- *un appareil photo*
  *des appareil**s** photo*

  le café crème
  *les café**s** crème*

  le timbre-poste
  *les timbre**s**-poste*

  la station-service
  *les station**s**-service*

  le chef-lieu
  *les chef**s**-lieu**x***

  le wagon-lit
  *les wagon**s**-lit**s***

Nomen↑ | (–) | Nomen
verändert

Auch das zweite Nomen kann verändert werden. (Im Zweifelsfall im Wörterbuch nachschlagen!)

- *le grand-père*
  *les grand**s**-père**s***

  la belle-mère
  *les belle**s**-mère**s***

Adjektiv↑ | – | Nomen↑
verändert | | verändert

- *le faire-part*[1]
  les faire-part

  le presse-citron
  les presse-citron

Verb | – | Nomen

Beide bleiben unverändert.

- *le laisser-passer*[2]
  les laisser-passer

Verb | – | Verb

Beide bleiben unverändert.

[1] die Familienanzeige [2] der Passierschein

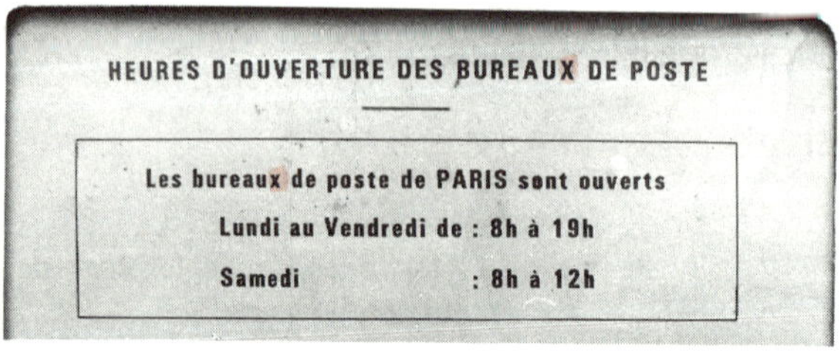

- *un hors-d'œuvre*
  des hors-d'œuvre

  un après-midi
  des après-midi

Präposition – Nomen

Beide bleiben unverändert.

7.5
Preisangaben, Uhrzeit

⚠	ein Franc	*un franc*
F/D	zwei Franc‸	*deux francs*
	drei Franc‸	*trois francs*
	10 Uhr‸	*dix heures*
	um 20 Uhr‸	*à vingt heures*

Im Gegensatz zum Deutschen stehen im Französischen die Pluralendungen bei Preisangaben und Uhrzeit.

Nomen, die im Französischen immer im Plural stehen; die deutsche Übersetzung steht im Singular

		Aber:	
les alentours	die Umgebung		
les ciseaux (*deux paires de ciseaux*)	die Schere (zwei Scheren)	*le ciseau*	= der Meißel
les échecs	das Schachspiel	*l'échec*	= der Mißerfolg
les environs	die Umgebung		
les épinards	der Spinat		
les fiançailles	die Verlobung		
les fruits	das Obst	*le fruit*	= die Frucht
les funérailles	das Begräbnis		
les lunettes (*deux paires de lunettes*)	die Brille (zwei Brillen)	*la lunette*	= das Fernrohr
les mathématiques	die Mathematik		
les obsèques	die Beerdigung		
les prévisions météorologiques	die Wettervorhersage		
les ténèbres	die Dunkelheit		
les toilettes	die Toilette	*la toilette*	= das Waschen, die Aufmachung
...			

8 Bestimmter Artikel

L'article défini	der bestimmte Artikel, das Geschlechtswort
le, la, les	der, die

8.1
Formen des bestimmten Artikels

__le__ vin, __la__ limonade,
__les__ vins, __les__ limonades
__l'__apéritif, __l'__eau minérale
__l'__hôtel

le  ***la*** 

les  [le]

Die Formen des bestimmten Artikels sind: *le* (Maskulinum Singular), *la* (Femininum Singular), *les* (Plural).

l'	Vokal/ h (stumm)

Vor Vokal und stummem h steht (statt *le* und *la*) *l'*. (Ausnahmen → 48.1a)

8.2
à + Artikel, *de* + Artikel

- *Je pense __au__ travail.*
  Je pense à la dame.
  Je pense à l'école.
  Je pense __aux__ travaux.

Es werden zusammengezogen:

à + le 〉 *au* [o]
à + les 〉 *aux* [o]

- *Je parle __du__ travail.*
  Je parle de la dame.
  Je parle de l'école.
  Je parle __des__ travaux.

Es werden zusammengezogen:

de + le 〉 *du*
de + les 〉 *des*

(*du* kann auch Teilungsartikel sein →10.1; *des* kann auch Plural des unbestimmten Artikels sein → 9.1.)

- *Connais-tu __le__ Havre?*
  Oui, je vais souvent __au__ Havre.
  Je reviens __du__ Havre.
  Connais-tu __les__ Andelys.
  Oui, je vais souvent __aux__ Andelys.
  Je reviens __des__ Andelys.

Auch der Artikel, der zu einem Städtenamen gehört, wird mit *à* und *de* zusammengezogen.

8.3
Artikel + Titel einer Person

- ***le*** *docteur Dubois*
  le *général de Gaulle*
  la *reine Elisabeth*

Artikel	Titel	Name

Der Artikel steht vor Titel (+Name).

- *Monsieur* ***le*** *Commissaire*
  Monsieur ***le*** *Ministre*
  Madame ***le*** *Maire*

Monsieur Madame	***le***	Titel

Der Artikel steht zwischen *Monsieur / Madame* und dem Titel.

8.4
Artikel + Anrede an mehrere Personen

Venez, ***les*** *enfants.*
Salut, ***les*** *copains.*

les	Anrede an mehrere Personen

Der Artikel steht vor der Anrede an mehrere Personen.

8.5
Artikel + Ländername

- *Je connais* ***l'****Afrique.*
  J'aime ***la*** *France.*
  La *Normandie est située dans le nord-ouest de* ***la*** *France.*
  Ich kenne^ Afrika.
  Ich liebe^ Frankreich.
  Die Normandie ist im Nordwesten von^ Frankreich.

Der Artikel steht vor Kontinenten, Ländern, Provinzen.

⚠ F/D Im Deutschen steht der Artikel nur vor femininen Ländern.

- *En^ France, en^ Europe.*

en	Ländername

↑ kein Artikel

Nach *en* steht vor Ländernamen kein Artikel.

- *Elle est revenue* ***du*** *Portugal,*
  des *Etats-Unis,*
  de Normandie,
  d'Amérique.

Nach *de* (aus) steht der Artikel nur vor maskulinen Ländernamen und Ländernamen im Plural. (Geschlecht der Länder → 6.4)

8.6
Artikel in Buchtiteln

« Le Malade imaginaire[1] » de Molière[2]
Les personnages ***du*** *« Malade imaginaire »*

« Le Rouge et le Noir »
Lire un chapitre ***du*** *« Rouge et le Noir ».*
Il a consacré[3] sa thèse[4] ***au*** *« Rouge et le Noir».*

Der Artikel in einem Buchtitel wird mit *à* und *de* zusammengezogen. (→ 8.2)

[1] „Der eingebildete Kranke" [2] Lustspielautor (1622–1673) [3] gewidmet [4] Doktorarbeit

8.7
Artikel + Tageszeiten / Wochentage / Datum

● ***Le** matin, je vais en ville.*
(= tous les matins)
***L'**après-midi, je reste au bureau.*
***Le** soir, je rentre à 6 heures.*
***Le** dimanche, je vais à la pêche*[1].

Le matin bedeutet: jeden Morgen, morgens. Entsprechend die anderen Tageszeiten und Wochentage.

● *à ∧ midi, à ∧ minuit*

midi und *minuit* stehen immer ohne Artikel.

● *∧Dimanche, je resterai à la maison.*
∧Lundi, je suis allé au cinéma.

Wochentage stehen ohne Artikel, wenn der vergangene oder der zukünftige Tag gemeint ist.

● *J'arrive **le** 1er juillet.*
⚠ (Ich komme **am** 1. Juli.)
F/D *Paris, **le** 14 juillet 19..*
(Paris, **den** 14. Juli 19..)

Vor dem Datum wird „am" und „den" im Französischen durch *le* übersetzt.

8.8
Artikel von Schiffen, Hotels, Restaurants, Kinos ...

la France /
***le** France = le (navire) France*
la Savoie /
***le** Savoie = le (hôtel) Savoie*
la Bretagne /
***le** Bretagne = le (restaurant) Bretagne*
la Bastille /
***le** Bastille = le (cinéma) Bastille*

Der überraschende Artikel erklärt sich dadurch, daß *navire, hôtel, restaurant, cinéma* weggelassen worden sind.

test

Justifiez l'emploi de l'article et énoncez les règles.

1

2

3 **Le 25 mars 1957, la France, la RFA, l'Italie, la Belgique, la Hollande et le Luxembourg s'assignent un objectif ambitieux : créer un véritable marché commun entre les six pays signataires du Traité de Rome.**

[1] angeln – *conquête de l'espace:* Eroberung des Weltraums – *RFA (République fédérale d'Allemagne):* Bundesrepublik Deutschland – *assigner:* festsetzen – *un objectif ambitieux:* ein ehrgeiziges Ziel – *pays signataires:* Unterzeichnerstaaten

9 Unbestimmter Artikel

L'article indéfini	der unbestimmte Artikel, das unbestimmte Geschlechtswort
un, une, des	ein, eine, –

9.1
Formen des unbestimmten Artikels

- ***un*** *hôtel,* ***une*** *chambre*
  des *hôtels,* ***des*** *chambres*

un  ***une***  [ɛ̃] / [œ̃], [yn]

des  [de]

Die Formen des unbestimmten Artikels sind: *un* (Maskulinum Singular), *une* (Femininum Singular), *des* (Plural).

- *une‿**agence** de voyages*
  *un‿**avion***
  *un‿**hôtel***

ɛ̃n	Vokal/
yn	h (stumm)

un und *une* werden vor Vokal und stummem h gebunden.

- ***l'****un et l'autre,* ***les*** *uns*
  l'*une de ses amies*

un, une können auch mit Artikel gebraucht werden (wie im Deutschen).

9.2
Plural von *un autre*

Tu n'aimes pas ce roman?
Lis-en un autre (roman).
*Lis-en **d'**autres (romans).*

J'ai besoin de l'autre livre.
*J'ai besoin **des** autres livres.*

un	***autre***	***de l'***	***autre***
d'	***autres***	***des***	***autres***

Der Plural von *un autre* ist *d'autres* (nicht: *des autres*).
Der Plural von *de l'autre* ist *des autres.*

9.3
Gebrauch von *des*

un hôtel, deux hôtels, trois hôtels
des *hôtels (= quelques hôtels)*
*Dans cette ville, il y a **des** hôtels modernes.*

des	Nomen

unbestimmte Anzahl

Der Plural des unbestimmten Artikels *(des)* drückt eine unbestimmte Anzahl aus.

⚠ In dieser Stadt gibt es ∧ moderne
F/D Hotels.
F/E *In this town there are ∧ modern hotels.*

Im Deutschen und im Englischen gibt es keinen Plural des unbestimmten Artikels: Das Nomen steht ohne Artikel.

(„*des*“ kann auch *de* + Artikel sein → 8.2)
(Fortfall des Artikels → 10.3)

test

Justifiez l'emploi des articles indéfinis et énoncez les règles.

1 « J'aime beaucoup ma mamie, dit Sébastien, 6 ans. Elle me gâte, elle fait des bonnes choses à manger, elle offre des cadeaux, elle tricote des pulls doux. En plus, elle gagne pas tout le temps aux cartes... » Les plus jeunes ont un véritable coup de cœur pour les grands-mères.

2 J'ai 13 ans et je recherche des correspondants (es) de 13 à 16 ans, j'aime la musique, la natation... Joindre une photo, réponse assurée, écrivez nombreux. **Linda [redacted]**, [redacted] rue du Mail, 95310 Saint-Ouen-l'Aumône.

3 **Deux lectrices du 77 :**
« JALOUSIE, JALOUSIE... »

Nous sommes deux amies amoureuses de deux garçons qui semblent nous aimer aussi. La preuve : ils sont jaloux lorsque d'autres s'intéressent à nous. Pour nous faire enrager, ils draguent des filles en notre présence. Cela nous rend très malheureuses. Ne voulant pas être en reste, on fait de même. Résultat : nous nous éloignons de plus en plus les uns des autres, personne ne se décidant à faire le premier pas.

mamie: Oma – *elle me gâte:* sie verwöhnt mich – *la natation:* das Schwimmen – *joindre:* beifügen – *faire enrager:* ärgern – *ils draguent:* „sie machen an“

10 Teilungsartikel

L'article partitif — der Teilungsartikel, der Partitiv

10.1
Formen des Teilungsartikels[1]

le sucre	***du** sucre*
le fromage	***du** fromage*
la crème	***de la** crème*
la confiture	***de la** confiture*
l'alcool	***de l'**alcool*
l'eau	***de l'**eau*
l'huile	***de l'**huile*

Mask.	Fem.
du	***de la***

Vor Vokal und stummem h:

de l'

(Hinweis: *du* kann auch *de* + Artikel sein → 8.2)

10.2
Gebrauch des Teilungsartikels

- *Je bois mon café avec **du** sucre et **du** lait.*
  *J'écoute **de la** musique, **du** Mozart.*
  *Les enfants font **du** bruit.*

[1] ***des** croissants, **des** légumes* – In einigen Grammatiken wird *des* als Plural des Teilungsartikels gedeutet. (→ 9.1, 9.3)

Teilungsartikel	Nomen
unbestimmte Menge	

Der „Teilungsartikel" bezeichnet eine unbestimmte Menge.

⚠ Ich trinke meinen Kaffee
F/D mit ∧ Zucker und ∧ Milch.
F/E *I drink my coffee with ∧ sugar and ∧ milk.*

Im Deutschen und im Englischen wird die unbestimmte Menge ausgedrückt, indem kein Artikel vor dem Nomen steht[1].

- *J'aime **le** café.*
  *Sandrine préfère **le** thé.*

  ***Le** thé ne nuit[2] pas à **la** santé.*
  *Mme Dubois aime **les** fromages de chèvre.*
  *L'argent ne fait pas **le** bonheur.*

Der bestimmte Artikel steht jedoch, wenn eine Sorte, Gattung ganz allgemein gemeint ist.

[1] Im Englischen auch durch „some" oder „any". [2] schadet

10.3
Fortfall des Teilungsartikels und von *des*

- *Olivier boit son café* ***sans***$_\wedge$*lait, mais avec du sucre.*
  Sandrine est partie ***sans***$_\wedge$*argent et* ***sans***$_\wedge$*gants.*

sans | Nomen
↑
kein Teilungsartikel

Nach *sans* stehen weder Teilungsartikel noch *des*.

Bronzage: Bräune

- *Sandrine manque* ***d'***$_\wedge$*argent.*
  Elle a besoin ***d'***$_\wedge$*argent.*
  Brigitte a changé ***de***$_\wedge$*coiffure.*

de | Nomen
↑
kein Teilungsartikel

Nach der Präposition *de* steht kein Teilungsartikel.

Beachte: Wenn jedoch eine bestimmte Menge gemeint ist, steht *de* + bestimmter Artikel:

Elle a besoin ***de l'****argent*
qu'elle a prêté à son frère.
J'ai besoin ***des*** *livres*
pour la classe de sixième.

Eine große Zahl von Redewendungen enthalten keinen Artikel, keinen Teilungsartikel

avoir besoin de qc	etw. brauchen
avoir confiance en qn	zu jdm. Vertrauen haben
avoir droit à qc	auf etw. ein Recht haben
avoir envie de qc / de faire qc	Lust haben an etw. / etw. zu tun
avoir faim	Hunger haben
avoir hâte de faire qc	es eilig haben, etw. zu tun
avoir honte de qc / de faire qc	sich schämen wegen etw. / etw. zu tun
avoir intérêt à faire qc	es liegt in jds. Interesse, etw. zu tun
avoir mal à qc	Schmerzen haben an etw.
avoir peine à faire qc	Mühe haben, etw. zu tun
avoir peur de qn / de faire qc	Angst haben vor jdm. / etw. zu tun
avoir pitié de qn	mit jdm. Mitleid haben
avoir raison	recht haben
avoir soif	Durst haben
avoir tort	unrecht haben
demander conseil à qn	jdn. um Rat fragen
demander pardon à qn	jdn. um Verzeihung bitten

(Fortsetzung)

donner raison à qn	jdm. recht geben
donner tort à qn	jdm. unrecht geben
faire allusion à qc	auf etw. eine Anspielung machen
faire appel à qn	an jdn. appellieren
faire attention à qc	auf etw. aufpassen
faire demi-tour	umdrehen
faire mal à qn	jdm. wehtun
faire part de qc à qn	jdm. von etw. Mitteilung machen
faire partie de qc	zu etw. gehören
faire peur à qn	jdm. Angst machen
faire pitié à qn	bei jdm. Mitleid erregen
faire plaisir à qn	jdm. ein Vergnügen bereiten
faire preuve de qc	etw. unter Beweis stellen
mettre fin à qc	etw. ein Ende setzen
parler français	Französisch sprechen
perdre connaissance	das Bewußtsein verlieren
perdre courage	den Mut verlieren
perdre patience	die Geduld verlieren
porter bonheur	Glück bringen
porter malheur	Unglück bringen
prendre connaissance de qc	etw. zur Kenntnis nehmen
prendre fin	ein Ende nehmen
prendre part à qc	an etw. teilnehmen
prendre parti pour qn	für jdn. Partei ergreifen
prendre patience	sich in Geduld fassen
prendre place	Platz nehmen
prendre position	Stellung nehmen
se rendre compte de qc	sich über etw. klar werden
rendre justice à qn	jdm. Gerechtigkeit widerfahren lassen
rendre service à qn	jdm. einen Dienst erweisen
tenir compte de qc	etw. berücksichtigen
...	

test

siehe Seite 63

11 Partitives *de*

de partitif „Partitives *de*“

11.1
Formen des partitiven *de*

un kilo ***de*** *sucre*
une tasse ***de*** *café*
beaucoup ***d'****eau minérale*
un litre ***d'****huile*

de	Konsonant
d'	Vokal/ h (stumm)

Die Formen des „partitiven *de*“ sind: *de* (vor Konsonant) und *d'* (vor Vokal und stummem h).

11.2
Gebrauch nach Mengenangaben

● *un* ***kilo de*** *sucre*
une ***bouteille de*** *vin*
un ***morceau de*** *fromage* (a)

une ***dizaine de*** *personnes*
une ***douzaine d'****huîtres*[1] (b)

beaucoup de *sucre*
trop de *vin*
peu de *café*
assez de *fromage*
moins de *cigarettes*
plus de *fruits*
autant de *soupe*
pas mal de *poivre*[2]
combien d'*œufs?* (c)

Mengenangabe	*de*	Nomen

Nach
a) Mengenbezeichnungen,
b) Sammelzahlen,
c) Mengenadverbien
steht nur *de* (statt des „Teilungsartikels“ und statt *des*).

● ***la plupart du*** *temps*
la plupart des *élèves* (a)

bien du *plaisir*
bien des *touristes* (b)

une partie des *visiteurs*
la majorité des *Français*
la moitié du *fromage* (c)

Nicht *de*, sondern der „Teilungsartikel“ oder *des* stehen nach:
a) *la plupart* (die meisten),
b) *bien* (ziemlich viel),
c) *une partie* (ein Teil),
la majorité (die Mehrheit),
la moitié (die Hälfte).

LES VACANCES IDEALES DES FRANÇAIS : LOIN, ET AU SOLEIL

Pour la majorité des Français, les vacances de rêve se situent bien loin : en tête, Tahiti pour 58 % d'entre eux, suivi par la Californie (40 %) et Rio (32 %).

[1] Austern [2] Pfeffer

11.3
Gebrauch nach Verneinung

- *Je ne prends **pas de** sucre.*
  *Je ne veux **plus de** café.*
  *Je ne bois **jamais de** cognac.*
  *Je préfère ne **pas** boire **d'**alcool.*
  *Non merci, **pas d'**alcool.*
  *Brigitte n'a **pas** bu **de** vin.*
  *Elle n'a **jamais** fumé **de** cigarettes.*
  *Il n'y a **pas de** temps à perdre.*

pas ***plus*** ***jamais***	***de***	Nomen

Nach Verneinung steht nur *de* (statt des Teilungsartikels und statt *des*).

- *Ce n'**est pas du** cidre, c'est du jus de pommes.*
  *Olivier et Jean-Paul ne **sont pas des** camarades de classe.*
  Olivier dit:
  *Ce que j'éprouve pour Brigitte n'**est pas de l'**amour.*

Wenn *être* verneint wird, stehen jedoch der Teilungsartikel oder *des*.

- *Je n'**aime** pas **les** bananes.*
  *Tu ne **préfères** pas **les** oranges?*

Wenn *aimer* und *préférer* verneint werden, steht der bestimmte Artikel.

- *Sandrine ne boit ni ∧ vin ni ∧ bière.*

Bei der Verneinung *ne ... ni ... ni* stehen weder Artikel noch partitives *de*.

11.4
Gebrauch vor Adjektiv + Nomen im Plural

- *Ce sont **de** jolies fleurs./*
  *Ce sont **des** jolies fleurs.*

  *Il raconte **de** vieilles histoires./*
  *Il raconte **des** vieilles histoires.*

de(s)	Adjektiv (im Plural)	Nomen (im Plural)

Vor Adjektiv + Nomen im Plural gebraucht man: *de* (in sehr gepflegter Sprache), *des* (sonst).

- *Dire **des** bons mots.*
  ***Des** grandes personnes.*
  *Manger **des** petits pois[1].*

Wenn Adjektiv + Nomen im Plural einen Begriff bilden, steht *des*.

[1] grüne Erbsen

PAS DE ROSES
SANS ÉPINES

■ **Un petit garçon et son père se promènent au zoo. En passant devant la cage au lion, le gamin s'exclame :**
– Oh ! papa, regarde, on dirait tante Aglaé !
– Tais-toi donc, dit le père, ne dis pas des choses comme ça, ce n'est pas gentil !
– Tu sais, papa, dit le garçon, il ne m'a pas entendu !

Folgende Sätze sind richtig!

Voulez-vous encore ***un kilo des*** *pommes que vous avez achetées la dernière fois?*
Je ne retrouve ***pas les*** *disques de Brigitte.*
Ne m'écrivez ***pas des*** *lettres de huit pages tous les jours.*
Es handelt sich hier nicht um irgendwelche Äpfel, irgrendwelche Schallplatten, irgendwelche Briefe, sondern um ganz bestimmte (vgl. unterstrichenen Text).

Mengenangabe/ Verneinung	unbestimmter Artikel/ bestimmter Artikel	Nomen	nähere Bestimmung

Tu ne profites ***pas du*** *soleil? Tu restes à la maison?*
(profiter ***de*** *qc)*
Je ne doute ***pas de la*** *sincérité de votre proposition.*
(douter ***de*** *qc)*

verneintes Verb	*de*	Artikel	Nomen

du
de la
de l'

In diesen Beispielen sind *du, de la* nicht Teilungsartikel, sondern die Präposition *de* + bestimmter Artikel. (→ 8.2)

test

Justifiez l'emploi de l'article partitif (10) et de „de partitif" (11) et énoncez les règles.

1 MME SMITH: Tiens, il est neuf heures. Nous avons mangé de la soupe, du poisson, des pommes de terre au lard, de la salade anglaise. Les enfants ont bu de l'eau anglaise. Nous avons bien mangé, ce soir. (Ionesco: La Cantatrice chauve)

2 Il n'y a pas d'ombre sans lumière. (Proverbe)

3 N'êtes-vous donc pas des hommes? (Camus: Les Justes)

4

LE CAFÉ FRAPPÉ
Dans un shaker, mettez 2 cuillers à café du Nescafé de votre choix (Alta Rica, Cap Colombie, Mocamba, Spécial Filtre, Nescafé Sélection), 4 cuillers à café de sucre (facultatif); 20 cl d'eau froide, quelques glaçons. Agiter quelques secondes et versez dans un grand verre.

5

S. ***T'es-tu fait beaucoup d'amis aux U.S.A. ?***

M. Je ne suis pas quelqu'un qui se fait beaucoup d'amis. Le mot « ami » pour moi, ça a une signification — et des vrais amis j'en ai peu, deux, trois peut-être. Mais je me suis fait beaucoup de relations.

6 Il avait plu toute la matinée et une partie de l'après-midi. (Rolland: Jean-Christophe)

7 Près de la moitié des Français ont moins de vingt-cinq ans. Cinq cent cinquante mille jeunes, chaque année, arrivent sur le marché de l'emploi. (Marie Cardinal: La Clé sur la porte)

lard: Speck – *glaçons:* Eiswürfel – *relations:* Bekanntschaften – *plu:* geregnet – *le marché de l'emploi:* der Arbeitsmarkt

Pronomen (Begleiter und Stellvertreter des Nomens)

12 Personalpronomen (I): Subjektpronomen

Le pronom personnel	das Personalpronomen, das persönliche Fürwort

12.1
Formen des Personalpronomens (Subjekt)

		„Verbundene" Form[1]:	„Unverbundene" Form[2]:	
Singular	1. Person	*je**	*moi*	(ich)
	2. Person	*tu*	*toi*	(du)
	3. Person	*il*	*lui*	(er, es)
		elle	*elle*	(sie)
Plural	1. Person	*nous*	*nous*	(wir)
	2. Person	*vous*	*vous*	(ihr, Sie)
	3. Person	*ils*	*eux*	(sie)
		elles	*elles*	(sie)

*Vor Vokal und stummen h: ***j'***

12.2
Besonderheiten beim Sprechen

= *Je me demande . . .*

= *Tu es bête.*

= *Il m'a dit . . .*

Beim Sprechen besteht die Tendenz, statt *je* nur *j'* [ʒ], statt *tu* nur *t'* und statt *il* nur *i'* zu sagen. (→ 48.3)

---

[1] Auf französisch: *Forme atone.* [2] Auf französisch: *Forme tonique, forme accentuée*

12.3

Vous (Höflichkeitsform)

*Voulez-**vous** entrer, Madame?*
*Voudriez-**vous** fermer la porte, Monsieur?* (a)

***Vous** êtes fatigués, Messieurs?*
*Quand êtes-**vous** arrivée, Madame?* (b)

a) *Vous* wird auch als Höflichkeitsform verwendet (Deutsch: Sie).
b) Das Adjektiv und das Partizip Perfekt richten sich dann nach der gemeinten Person. (→ 20.2)

12.4

On

● ***On** va au restaurant?*
= ***Nous** allons au restaurant?*

***On** attend encore?*
= ***Nous** attendons encore?*

— Je vous assure qu'on se connaît, mais je ne me souviens plus où on s'est vus.

(Jeune et jolie)

On wird häufig statt *nous* verwendet, besonders beim Sprechen.
Nach *on* (= *nous*) steht das Verb im Singular.
Das Adjektiv und das Partizip Perfekt[1] richten sich nach der gemeinten Person.

● *On a reçu votre lettre et **l'on** vous en remercie / et on vous en remercie.*
*On vous rendra visite si **l'on** a le temps / si on a le temps.*

Statt *on* kann *l'on* gebraucht werden, besonders nach *et, ou, où, que, qui, quoi, si,* um das Aufeinanderstoßen von 2 Vokalen zu vermeiden.

Je vous assure: ich versichere Ihnen
[1] Zur Veränderlichkeit des Partizips Perfekt → 30.4

12.5

il, ce, cela (= es)[1]

● ***C'est** Olivier.*
***Ce sont** ses amis.*
***C'est** normal.*
***Ce n'est** pas vrai.*
*Critiquer, **c'est** facile.* (a)

***Ceci** est vrai, **cela** est faux.* (b)

(Ionesco: La Cantatrice chauve)

(c)

ce	*être*

a) *Ce* (= es) steht vor *être*.
b) Zur Gegenüberstellung dienen *ceci ... cela* (+ *être*).
c) Beim Sprechen kann auch *cela* + *être* verwendet werden.

● ***Il** est facile de <u>critiquer</u>.*
***Il** est vrai <u>que la critique est facile.</u>* (a)

(b)

---

[1] → 25.3, 25.4

il	***être***	Adjektiv	Infinitiv/ que ...

a) *Il* steht vor *être* und Adjektiv, wenn ein Infinitiv oder ein *que*-Satz folgt.
b) Beim Sprechen kann auch *ce* verwendet werden.

● ***Il arrive***[1] *que ...*
Il faut *...*
Il semble *...*
Il y a *...*
Il est 9 heures.
Il pleut, il neige.
Il fait mauvais temps.

il	unpersönliches Verb

Il (= es) steht vor einem unpersönlichen Verb[2].

● ***Il*** *me reste du* ***temps libre.***
Il *lui est arrivé un* ***grand malheur.***

Il weist auf ein nachfolgendes Subjekt hin. (→ 2.6)

● ***Cela*** *m'intéresse.*
Cela *s'est passé hier.*
Tout ***cela*** *n'a aucune importance.* (a)

(b)

cela	Verb

a) *Cela* steht vor allen anderen Verben, außer vor *être*.
b) Besonders beim Sprechen wird *ça* [sa] für *cela* [sla] verwendet.

12.6
Gebrauch des unverbundenen Personalpronomens

● *Qui est là? –* ***Moi.***
Qui est le premier? – ***Lui.***
Vous comprenez ce que ça signifie? ...
Moi *pas.* (Simenon: Maigret et son mort)

Das unverbundene Personalpronomen steht allein, ohne Verb.

● ***Moi,*** *je vais à la poste.*
Toi, *tu attends ici.* (a)
Lui*-même l'a reconnu.*
Lui *seul le sait.* (b)
Lui, *pressé, a pris un taxi.*
Moi, *en dix minutes, je suis arrivé à la gare.* (c)

moi	Personalpronomen	Verb
toi	***-même***	
lui	***seul***	
	Adjektiv	
eux	adverbiale Bestimmung ...	

Das unverbundene Personalpronomen steht, wenn es vom Verb getrennt ist, zum Beispiel durch
a) verbundenes Personalpronomen,
b) *même, seul,*
c) Adjektiv, adverbiale Bestimmung ...[3]

[1] Es kommt vor.
[2] Ein „unpersönliches" Verb kann nicht mit „ich", „du" ... gebildet werden, nur mit „es".

[3] Es gibt eine Ausnahme in der französischen Behördensprache: *Je, soussigné Alain Dubois, certifie que ...* Ich, der unterzeichnende Alain Dubois, bestätige, daß ...

- ***Tu** as raison, mais **lui** n'a pas tort.*
  ***Je** reste à la maison, mais **eux** vont à la plage.*

Das unverbundene Personalpronomen steht zur deutlichen Gegenüberstellung.

- *C'est **moi**, c'est **toi**,*
  *c'est **lui**, c'est elle,*
  c'est nous, c'est vous,
  *c'est **eux** / ce sont **eux**,*
  c'est elles / ce sont elles.

Das „unverbundene" Personalpronomen steht nach *c'est, ce sont.*
C'est wird bei allen Personen gebraucht, auch im Plural.
(In der 3. Person Plural ist möglich: *ce sont.* → 25.4)

test

Justifiez l'emploi de «il, ce, cela» (= es).

1 Question: Si dans un restaurant, un cuisinier porteur du virus du Sida se coupe dans le plat que je vais manger, est-ce que je risque quelque chose ?
Réponse: Le virus est très peu résistant à l'air, d'une part. Il faudrait d'autre part que vous ayez une blessure buccale pour qu'il puisse pénétrer dans votre organisme.
Il ne me semble pas qu'il s'agisse d'un risque réel.

2 **JE vais rarement chez le coiffeur, cela vous étonne, n'est-ce pas ? Constamment en voyage, j'ai dû apprendre à me coiffer seule... et ce n'est pas si difficile.**

3 Savez-vous que le mois de juillet doit son nom à Julius César ? Ce fut l'année-même de sa mort — en 44 avant Jésus-Christ — que Marc-Antoine en décida ainsi.

4 – Vous avez froid?
– Un peu, ça ne fait rien. J'ai oublié de prendre ma fourrure.

(Saint-Exupéry: Courrier sud)

5 Rappelle-toi Barbara
Il pleuvait sans cesse sur Brest ce jour-là. (Prévert: Barbara)

6 – Pour avoir des enfants, il faut être mariée.
– Ne me dites pas cela ... Je sais que cela n'est pas vrai.

(Gide: La Symphonie Pastorale)

Sida: Aids – *buccale:* im Mund – *pénétrer:* eindringen – *constamment:* ständig – *ma fourrure:* meinen Pelz

13 Personalpronomen (II): Objektpronomen

Le pronom personnel objet das Objektpronomen

13.1
Einteilung der Objektpronomen

Es gibt 3 Sorten von Objektpronomen:

1. *Je vois **M. Dubois** tous les jours.*
   *Je **le** vois.*
   *Il **me** voit aussi. (voir **qn**)*

   *Je salue **M. Dubois.***
   *Je **le** salue.*
   *Il **me** salue aussi. (saluer **qn**)*

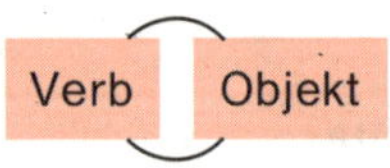

Das direkte Objektpronomen vertritt ein Objekt, das ohne Präposition (direkt) mit dem Verb verbunden ist.

2. *Je dis bonjour **à M. Dubois.***
   *Je **lui** dis bonjour.*
   *Il **me** dit aussi bonjour. (dire qc **à qn**)*

   *Je demande **à M. Dubois** un renseignement.*
   *Je **lui** demande un renseignement. (demander qc **à qn**)*

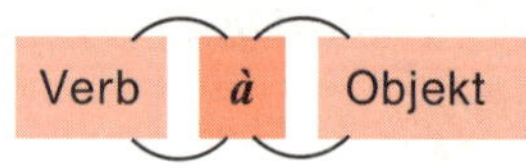

Das indirekte Objektpronomen vertritt ein Objekt, das durch die Präposition *à* mit dem Verb verbunden ist.

3. *Je travaille avec **eux.***
   *Elle me présente à **lui.***

Auch das unverbundene Personalpronomen (→ 12.1) wird als Objektpronomen verwendet. (→ 13.5, 13.6, 13.8)

13.2
Formen des Objektpronomens

		Direktes Objektpronomen:	Indirektes Objektpronomen:	Unverbundenes Objektpronomen[1]:
Singular	1. Person	***me**** (mich)	***me**** (mir)	***moi*** (mich, mir)
	2. Person	***te**** (dich)	***te**** (dir)	***toi*** (dich, dir)
	3. Person	***le**** (ihn, es)	***lui*** (ihm)	***lui*** (ihn, ihm)
		la* (sie)	***lui*** (ihr)	***elle*** (sie, ihr)
Plural	1. Person	***nous*** (uns)	***nous*** (uns)	***nous*** (uns)
	2. Person	***vous*** (euch, Sie)	***vous*** (euch, Ihnen)	***vous*** (euch, Ihnen)
	3. Person	***les*** (sie)	***leur*** (ihnen)	***eux*** (ihnen)
				elles (ihnen)

* Vor Vokal und stummem h: *m', t', l'.*

[1] Die Formen entsprechen den unverbundenen Personalpronomen (Subjekt). (→ 12.1)

13.3
Besonderheiten beim Sprechen

= *Tu me l'as dit?*

= *Je le sais bien.*

Beim Sprechen gebraucht man meist statt *me* nur *m'* und statt *le* nur *l'*.

13.4
Ein Objektpronomen beim Verb

● *Je **le** vois.*

*Il **m'**a vu aussi.*

Subjekt	Objekt-pronomen	Konjugierte Verbform[1]

Das Objektpronomen steht vor der konjugierten Verbform.

⚠ F/D F/E

Ich sehe **ihn.**

Er hat **mich** auch gesehen.

I see **him.**

He has seen **me,** *too.*

Im Deutschen und im Englischen steht das Objektpronomen hinter dem Verb.

[1] Statt „konjugierte Verbform" sagt man auch „finite Verbform" (→ S. 122) oder „Personalform des Verbs".

● *Je ne **le** vois pas.*

*Ne **le** vois-tu pas?*

*Il ne **m'**a pas vu non plus.*

ne	Objekt-pron.	konjugierte Verbform[1]	***pas***

Bei der Verneinung steht das Objektpronomen zwischen *ne* und der konjugierten Verbform.

13.5
Präposition + Objektpronomen

● *Je travaille avec Olivier.*

*Je travaille **avec lui.***

*Il travaille **avec moi.***

*Je viens **chez toi.***

*Le patron est content **d'eux.***

Verb	Präpo-sition	unverbundenes Objektpronomen

Nach einer Präposition steht das unverbundene Objektpronomen. (→ 13.2)

● *Olivier pense à Sandrine; il **pense à elle.***
*Je pense aux parents; je **pense à eux.*** (a)

*Il **vient à moi.***
*Je **vais à lui.*** (b)

*Cette voiture **est à moi.***
*La moto appartient à Jean-Paul, elle **est à lui.*** (c)

*Une lettre, **adressée à elle…*** (d)

*Elle **me** présente **à eux.***
*Ils s'adressent **à moi.*** (e)

Verb des Denkens Verb der Bewegung *être* (= gehören) Partizip Perfekt	*à*	unverbundenes Objektpronomen
direktes Objekt — Verb		

Es ist selten, daß ein unverbundenes Objektpronomen der Präposition *à* folgt; meist wird das indirekte Objektpronomen gebraucht.

à + unverbundenes Objektpronomen stehen:

a) nach Verben des Denkens (+ Personalobjekt),
b) nach Verben der Bewegung,
c) nach *être à* (= gehören),
d) nach Partizip Perfekt,
e) wenn die direkten Objektpronomen *me, te, se, nous, vous* vor dem Verb stehen. (→ 13.6)

FANNY: Oou Mariu-us!
MARIUS: Oou Fanni-y!
FANNY: A quoi tu penses?
MARIUS: Peut-être à toi.
FANNY: Menteur, va!
MARIUS: Tu crois que je ne pense jamais à toi?
FANNY: Tu penses à moi quand tu me vois! (Elle entre dans le bar, elle s'approche de lui en souriant.) Paye-moi un café.

(M. Pagnol: Marius; Acte I, Scène 2)

13.6
Zwei Objektpronomen beim Verb

● *Il*	***me***	***le***	*dit.*
Il	***te***	***le***	*dit.*
Il	***se***[1]	***le***	*dit.*
Il		***le lui***	*dit.*
Il	***nous***	***le***	*dit.*
Il	***vous***	***le***	*dit.*
Il		***le leur***	*dit.*
Il	***me***	***la***	*dit (la = la nouvelle).*
Il	***me***	***les***	*dit (les = les nouvelles).*

Vor den direkten Objektpronomen *le, la, les* stehen die indirekten Objektpronomen *me, te, se, nous, vous.*

Hinter den direkten Objektpronomen *le, la, les* stehen die indirekten Objektpronomen *lui, leur.*

● *Elle*	***me***	*présente*	***à lui.***
Elle	***te***	*présente*	***à lui.***
Elle	***se***[1]	*présente*	***à lui.***
Elle	***nous***	*présente*	***à lui.***
Elle	***vous***	*présente*	***à lui.***
Elle	***s'***[1]	*adresse*	***à moi.***
Elle	***s'***	*adresse*	***à toi.***
Elle	***s'***	*adresse*	***à lui.***
Elle	***s'***	*adresse*	***à elle.***
Elle	***s'***	*adresse*	***à nous.***
Elle	***s'***	*adresse*	***à vous.***
Elle	***s'***	*adresse*	***à eux.***
Elle	***s'***	*adresse*	***à elles.***

Die anderen direkten Objektpronomen *me, te, se, nous, vous* stehen vor dem Verb; hinter dem Verb (nach *à*) stehen die unverbundenen Objektpronomen.

[1] *se* ist „Reflexivpronomen". (→ 14)

Reihenfolge zweier Objektpronomen

me *te* *se* *nous* *vous*	*le* *la* *les*	Verb		
	le *la* *les*	*lui* *leur*	Verb	
	me *te* *se* *nous* *vous*	Verb	*à moi* *à toi* *à lui* *à elle* *à nous* *à vous* *à eux* *à elles*	
Imperativ	– *le* – *la* – *les*	– *moi* – *toi* – *lui* – *nous* – *vous* – *leur*	(Hinweis: *nous* kann auch vor *le, la, les* stehen!)	
Imperativ	– *moi* – *toi* – *nous* – *vous*	*à moi* *à toi* *à lui* *à elle* *à nous* *à vous* *à eux* *à elles*		

↑ Direktes Objektpron. (Spalte 2)

13.7
Ein Objektpronomen beim Imperativ

Salade de fruits :
les fruits de saison s'abiment très vite alors prenez-les de vitesse et faites-les en salade.

(Guide Cuisine)

- *Ecoute-**moi.***
  *Dis-**le.***
  *Donne-**moi** ce livre.*
  *Donne-**m'en.***

Imperativ	–	Objektpronomen

Das Objektpronomen steht hinter dem bejahten Imperativ.
Statt *me, te* werden *moi, toi* gebraucht (außer vor *y* und *en*).
Zwischen Imperativ und Objektpronomen steht ein Bindestrich.

- *Ne **le** dis pas.*
  *Ne **lui** écris pas.*

Ne	Objektpronomen	Imperativ	***pas***

Das Objektpronomen steht nach *ne* vor dem verneinten Imperativ.

13.8
Zwei Objektpronomen beim Imperativ

- *Dis-**le-moi.***
  *Donne-**le-lui.*** (a)
  *Présente-**moi à elle.*** (b)

a) Bei zwei Objektpronomen hinter dem bejahten Imperativ stehen die direkten Objektpronomen *le, la, les* vor den indirekten Objektpronomen.
Statt *me, te* werden *moi, toi* gebraucht.
Zwischen den Objektpronomen stehen Bindestriche.

b) Den anderen direkten Objektpronomen *moi, toi, nous, vous* folgen die unverbundenen Objektpronomen nach der Präposition *à*.

- *Ne **me le** dis pas.*
  *Ne **le lui** écris pas.*

Zwei Objektpronomen stehen nach *ne* und vor dem verneinten Imperativ.
(Reihenfolge → 13.6)

13.9
Objektpronomen beim Infinitiv

- *J'ai oublié mon parapluie.*
  *Je vais **le** chercher.*
  Où est Sandrine?
  *Dis à Sandrine que je veux **la** voir.*

Konjugierte Verbform	Objektpronomen	Infinitiv

Meistens steht das Objektpronomen vor dem Infinitiv.

- *Je **l'**entends parler.*
  (Je l'entends; il parle.)
  *Je **lui** propose d'attendre.*
  (Je propose; il attend.)
  Il nous permet d'entrer.
  (Il permet; nous entrons.)

Wenn sich jedoch das konjugierte Verb und der Infinitiv auf zwei verschiedene Personen beziehen, steht das Objektpronomen vor dem konjugierten Verb.
(Liste der Verben, die immer so gebildet werden → Nebenseite.)

Liste der Verben, bei denen das Objektpronomen nicht vor dem Infinitiv steht:

écouter qn faire qc	hören
emmener qn faire qc	mitnehmen
entendre qn faire qc	hören
envoyer qn faire qc	schicken
faire qn faire qc	veranlassen
laisser qn faire qc	zulassen
regarder qn faire qc	sehen
sentir qn faire qc	fühlen
voir qn faire qc	sehen
aider qn à faire qc	helfen
amener qn à faire qc	dazu bringen
autoriser qn à faire qc	gestatten
conduire qn à faire qc	veranlassen
décider qn à faire qc	bestimmen
employer qn à faire qc	anstellen
encourager qn à faire qc	ermutigen
engager qn à faire qc	veranlassen
forcer qn à faire qc	zwingen
inciter qn à faire qc	verleiten
obliger qn à faire qc	verpflichten
pousser qn à faire qc	antreiben
empêcher qn de faire qc	hindern
défendre à qn de faire qc	verbieten
demander à qn de faire qc	bitten
dire à qn de faire qc	sagen
interdire à qn de faire qc	untersagen
ordonner à qn de faire qc	befehlen
permettre à qn de faire qc	erlauben
proposer à qn de faire qc	vorschlagen
apprendre à qn à faire qc	beibringen

test

Justifiez l'emploi des pronoms personnels objets et énoncez les règles.

1 **Une ménagère agressée dans un magasin**

Une ménagère de 52 ans a été agressée, hier, aux Nouvelles Galeries par un ou plusieurs individus qui lui ont arraché brutalement son sac à main.

2 HUGO: Dis-le-moi à présent.
JESSICA: Quoi?
HUGO: Que tu m'aimes.
JESSICA: Je t'aime. (Sartre: Les mains sales)

3 ■ ***Montre-moi ton chien, je te dirai qui tu es ! » L'animal est en effet le reflet de son maître... Alors apprenez-lui « les bonnes manières ».***

4 FANNY: Pour être jaloux, il faut être amoureux.
MARIUS: Justement, et je ne suis pas amoureux de toi. (Pagnol: Marius)

5 UN EMPLOYÉ DU MINISTÈRE RACONTE: Tous les matins, je me raisonne, je me dis: « Va au bureau, Badin; voilà plus de huit jours que tu n'y es allé! ». Je m'habille, alors, et je pars; je me dirige vers le bureau. Mais, ... j'entre à la brasserie; je prends un bock ..., deux bocks ..., trois bocks!
(Courteline: Monsieur Badin)

6 Peu après, le patron m'a fait appeler. (Camus: L'Etranger)

7 Je vais vous l'expliquer en une minute au tableau noir. (Romains: Knock)

ménagère: Hausfrau – *je me raisonne:* ich rede mir gut zu – *la brasserie:* die Bierschenke

14 Reflexivpronomen, reflexive Verben

Le pronom réfléchi	das Reflexivpronomen,
Le pronom personnel réfléchi	das rückbezügliche Fürwort

Le verbe pronominal — das reflexive Verb

Ich — wasche → die Wäsche.

Ich wasche mich. — reflexiv gebraucht

Das „*verbe pronominal*" bildet den Infinitiv mit „*se*": *se laver, se dépêcher, s'arrêter*...

14.1
Formen des Reflexivpronomens

		Reflexivpronomen:	Unverbundenes Reflexivpronomen:	
Singular	1. Person	***me****	***moi***	(mich, mir)
	2. Person	***te****	***toi***	(dich, dir)
	3. Person	***se****	***lui***	(sich)
			elle	(sich)
			soi	(sich)
Plural	1. Person	***nous***	***nous***	(uns)
	2. Person	***vous***	***vous***	(euch, sich)
	3. Person	***se****	***eux***	(sich)
			elles	(sich)

*Vor Vokal und stummem h: *m', t', s'*

14.2
Reflexivpronomen beim Verb

*Tu **te** laves.*
*Tu travailles **pour toi?***
*Tu ne **te** laves pas?*

*Lave-**toi.***
*Ne **te** lave pas.*
*Tu vas **te** laver.*
*Tu **t'**es lavé(e)?*

Das Reflexivpronomen steht (wie das Objektpronomen → Seite 71):
- vor dem Verb,
- nach Präposition hinter dem Verb (hinter dem Verb steht das unverbundene Reflexivpronomen),
- hinter *ne*,
- hinter dem bejahten Imperativ,
- vor dem verneinten Imperativ, (→ 37.2)
- vor dem Infinitiv,
- vor dem Hilfsverb *être* in den zusammengesetzten Zeiten.

14.3
Gebrauch von *soi* (statt *lui, elle*)

● *Olivier travaille pour lui.*
Sandrine travaille pour elle.

Chacun** travaille pour **soi.

***On** ne peut pas tout faire **soi**-même.*

soi bezieht sich auf ein unbestimmtes Subjekt wie: *on, tout le monde, quiconque*[1] ...

● *Cela va de **soi.***
*Les **soi**-disant experts.*

aller de soi (= selbstverständlich sein) ist ein fester Ausdruck;
soi-disant (= angeblich) ist ein fester und unveränderlicher Ausdruck.

[1] wer auch immer

Nicht immer entspricht ein französisches reflexives Verb einem deutschen reflexiven Verb – und umgekehrt:

***s'**appeler*	heißen
***se** baigner*	baden
***se** décourager*	mutlos werden
***se** douter (de)*	(etw.) ahnen
***s'**en aller*	weggehen
***s'**endormir*	einschlafen
***s'**enfuir*	fliehen
***s'**envoler*	wegfliegen
***s'**évanouir*	ohnmächtig werden
***se** fatiguer*	müde werden
***se** lever*	aufstehen
***se** marier*	heiraten
***se** méfier (de)*	(jdm.) mißtrauen
***se** noyer*	ertrinken
***se** promener*	spazierengehen
***se** repentir (de)*	(etw.) bereuen
***se** réveiller*	aufwachen
***se** taire*	schweigen
...	

avoir honte	**sich** schämen
bouger	**sich** bewegen
changer	**sich** ändern
diminuer	**sich** vermindern
divorcer (d'avec qn)	**sich** scheiden lassen
doubler	**sich** verdoppeln
évoluer	**sich** entwickeln
plier	**sich** beugen
séjourner	**sich** aufhalten
...	

15 Demonstrativpronomen

L'adjectif démonstratif	das adjektivische Demonstrativpronomen, der Demonstrativbegleiter, das hinweisende Fürwort

*ce film, **cette** pièce de théâtre* — dieser Film, dieses Theaterstück

(Das *adjectif démonstratif* steht vor seinem Nomen.)

Le pronom démonstratif	das substantivische Demonstrativpronomen, das alleinstehende hinweisende Fürwort

***Celui-ci** est intéressant.*	Dieser ist interessant.
*J'ai vu **celui-ci.***	Ich habe diesen gesehen.

(Das *pronom démonstratif* steht allein.)

15.1
Formen des *adjectif démonstratif*

***ce** monsieur, **cette** dame*
***ce** film, **cette** pièce de théâtre*

***ces** messieurs, **ces** dames*

***cet** enfant, **cet** ami, **cet** homme,*
***cet** ancien camarade*

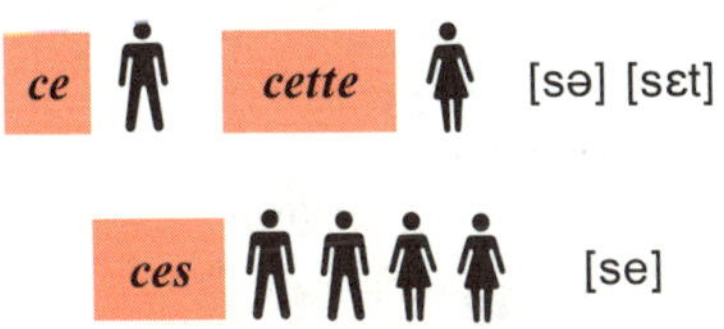

cet [sɛt]	Vokal/ h (stumm)	männliches Nomen

Die Formen des *adjectif démonstratif* sind: *ce* (Maskulinum Singular vor Konsonant), *cet* (Maskulinum Singular vor Vokal und stummem h), *cette* (Femininum Singular), *ces* (Plural)[1].

15.2
Gebrauch des *adjectif démonstratif* bei Tageszeiten

***ce** matin*
***cet** après-midi* ***cette** nuit*
*Nous avons bien mangé, **ce** soir.*

(Ioneso: La Cantatrice chauve)

ce (+ Tageszeit) ist zu übersetzen mit „heute"[2].
(Artikel + Tageszeit → 8.7)

[1] Der Gebrauch des französischen *adjectif démonstratif* entspricht weitgehend dem deutschen Demonstrativpronomen.
[2] Ebenso im Englischen:
This morning (= heute morgen), *this evening* (= heute abend).

15.3
Formen des *pronom démonstratif*

- ***celui** que je vois*
  ***celle** que je vois*
  ***ce** que je vois*
  ***ceux** que je vois*
  ***celles** que je vois*

Die Formen des *pronom démonstratif* sind:

	Mask.	Fem.	Neutr.
Sg.	*celui*	*celle*	*ce*
Pl.	*ceux*	*celles*	–

- *celui-**ci** est venu*
  *celui-**là** est resté*
  *ce**ci** est facile*
  *ce**la** est compliqué*

An das *pronom démonstratif* kann *-ci* oder *-là* angefügt werden[1].
(Regel → 15.4)

ceci wird ohne Bindestrich geschrieben. *cela* wird ohne Bindestrich und ohne *accent grave* geschrieben.
(Gebrauch → 12.5)

- *C'est **cela.***

Vor allem beim Sprechen wird *ça* [sa] für *cela* verwendet.

[1] *-là* kann auch ans Nomen angefügt werden: *ce film-là, en ce cas-là.*

15.4
celui / celui-ci

- *Voici un livre,*
  *c'est **celui de** Jean-Paul.*
  *Où est **celui de** Brigitte?*
  *La vraie beauté, c'est **celle du** cœur.*
  Voici les cahiers à 2 francs,
  *et voilà **ceux à** 4 francs.*
  *Les ski en bois et **ceux en** fibre.*

celui	de

Celui, celle, ceux, celles werden ohne *-ci* oder *-là* gebraucht vor *de* (auch vor *à* und *en*).

- *Voici une photo de Sandrine.*
  *C'est **celle** dont elle nous a parlé, **celle** qui montre Sandrine en Bretonne.*
  *C'est **celle** prise par son père, **celle** montrant Sandrine en Bretonne.*

celui	Relativsatz

Celui, celle, ceux, celles werden ohne *-ci* oder *-là* gebraucht vor Relativsatz, auch vor verkürztem Relativsatz (→ 17.12) und vor Partizip Präsens.

- *Quelle photo est la plus belle?*
  *Regarde **celle-ci.***
  *Oui, **celle-ci** est la plus belle.*
  Tu as lu ce roman?
  *Oui, **celui-ci** m'a beaucoup plu.*

Celui-ci, celle-ci, ceux-ci, celles-ci werden sonst gebraucht.

test

Justifiez l'emploi de l'adjectif démonstratif et du pronom démonstratif et énoncez les règles.

1 JEANNE: Dieu n'est pas avec ceux qui sont les plus forts. Il est avec ceux qui ont le plus de courage (...) Dieu n'aime pas ceux qui ont peur. (Anouilh: L'Alouette)

2 

CANCER (22 juin - 22 juillet). Beaucoup de chance pour celles et ceux qui séjournent actuellement loin de leur cadre habituel. Un peu moins pour les autres. Le domaine le plus en vedette cette semaine sera, en effet, celui des rencontres. Mais ne croyez quand même pas tout ce que l'on vous dira.

3 **PARIS**
Travaux

Le périphérique extérieur sera fermé ce soir entre la porte de Brancion et la porte d'Italie de 21 heures à 5 heures du matin.

4 J'adore les filles aux cheveux longs, et pas celles aux cheveux courts.

5 **La vraie beauté, c'est celle du cœur**

6 **— Je peux vous donner des leçons de tennis ce soir, j'ai joué en championnat de France il y a 2 ans.**

7 **Région parisienne.** — Toujours du temps bien ensoleillé. Les quelques nuages passagers de fin de journée n'apporteront qu'un peu d'ombre très momentanée. Les températures sont toujours à la hausse: 12 degrés ce matin, 25 à 27 cet après-midi. Le vent reste faible.

CANCER: Krebs (Sternzeichen) – *qui séjournent:* die sich aufhalten – *en vedette:* im Vordergrund – *le championnat:* die Meisterschaft – *il y a:* vor – *j'adore:* ich mag sehr

16 Possessivpronomen

L'adjectif possessif	das adjektivische Possessivpronomen, der Possessivbegleiter, das besitzanzeigende Fürwort

mon *père*, **ma** *mère* — mein Vater, meine Mutter
(Das *adjectif possessif* steht vor seinem Nomen.)

Le pronom possessif	das substantivische Possessivpronomen, das alleinstehende besitzanzeigende Fürwort

Je cherche ***le mien.*** — Ich suche meinen.
Où est ***le tien?*** — Wo ist deiner?
(Das *pronom possessif* steht allein, nach seinem Artikel.)

16.1
Formen des *adjectif possessif*

	1. Person	2. Person	3. Person	
ein Besitzer	***mon*** (mein)	***ton*** (dein)	***son*** (sein, ihr)	ein Besitz (mask.)
	ma (meine)	***ta*** (deine)	***sa*** (seine, ihre)	ein Besitz (fem.)
	mes* (meine)	***tes**** (deine)	***ses**** (seine, ihre)	mehrere Besitze
mehrere Besitzer	***notre*** (unser)	***votre*** (euer, Ihr)	***leur*** (ihr)	ein Besitz
	nos (unsere)	***vos*** (eure, Ihre)	***leurs*** (ihre)	mehrere Besitze

*Aussprache: [me], [te], [se]

16.2
mon, ton, son statt: ma, ta, sa

__mon__ amie, __ton__ amie, __son__ amie
__mon__ humeur, __ton__ humeur, __son__ humeur
Mme Dubois parle de __son__ ancienne voisine.
__Ton__ excellente idée.

mon / ***ton*** / ***son***	Vokal/ h (stumm)	feminines	Nomen / Adj.

Mon, ton, son werden (statt *ma, ta, sa*) vor Vokal und stummem h gebraucht, um die Aussprache zu erleichtern.

16.3
son, sa, ses

⚠ *Olivier et __son__ père*
F/D *Sandrine et __son__ père*
F/E ... **sein** Vater ... ***his*** *father*
... **ihr** Vater ... ***her*** *father*

Olivier et __sa__ mère
Sandrine et __sa__ mère
... **seine** Mutter ... ***his*** *mother*
... **ihre** Mutter ... ***her*** *mother*

Olivier et __ses__ frères
Sandrine et __ses__ frères
... **seine** Brüder ... ***his*** *brothers*
... **ihre** Brüder ... ***her*** *brothers*

son → sein / ihr

sa → seine / ihre

ses → seine / ihre

son, sa, ses haben im Deutschen zwei Bedeutungen: sein(e) und ihr(e).
Das französische *adjectif possessif* richtet sich in der 3. Person nur nach dem Besitz. – Im Deutschen und im Englischen richtet sich dagegen das Possessivpronomen zusätzlich nach dem Geschlecht des „Besitzers".

16.4
leur / leurs

Olivier et Sandrine jouent avec __leur__ chat.
Olivier et Sandrine jouent avec __leurs__ deux chiens.
Sandrine et Brigitte parlent de __leur__ ami Olivier.
Sandrine et Brigitte parlent de __leurs__ amis, Olivier et Jean-Paul.

mehrere Besitzer	***leur***	ein Besitz
mehrere Besitzer	***leurs***	mehrere Besitze

leur steht, wenn mehrere Besitzer gemeinsam einen Besitz haben.
leurs steht, wenn mehrere Besitzer gemeinsam mehrere Besitze haben.
Nach *leurs* (mit -s) steht also immer ein Nomen mit -s.
(*leur* kann auch Objektpronomen sein → 13.2)

16.5
votre, vos (Höflichkeitsformen)

C'est ton passeport, Olivier.
*C'est **votre** passeport, monsieur.*
Ce sont tes valises, Olivier?
*Ce sont **vos** valises, madame?*

Votre und *vos* werden als Höflichkeitsform verwendet. Deutsch: Ihr(e). (Höflichkeitsformen → 12.3)

16.6
adjectif possessif + propre

*mon **propre** lit*
(mein eigenes Bett)

*ma **propre** chambre*
(mein eigenes Zimmer)

Das *adjectif possessif* kann durch *propre* verstärkt werden.

16.7
Körperteile

*Il ferme **les** yeux.* (nicht: *ses yeux*)
*Elle a froid **aux** pieds.* (nicht: *à ses pieds*)

Vor Körperteilen steht im allgemeinen der bestimmte Artikel (nicht das *adjectif possessif*).

16.8
Formen des *pronom possessif*

	1. Person	2. Person	3. Person	
ein Besitzer	***le mien*** (der meine)	***le tien*** (der deine)	***le sien*** (der seine, der ihre)	ein Besitz (mask.)
	la mienne (die meine)	***la tienne*** (die deine)	***la sienne*** (die seine, die ihre)	ein Besitz (fem.)
	les miens (die meinen)	***les tiens*** (die deinen)	***les siens*** (die seinen, die ihren)	mehrere Besitze (mask.)
	les miennes (die meinen)	***les tiennes*** (die deinen)	***les siennes*** (die seinen, die ihren)	mehrere Besitze (fem.)

		1. Person	2. Person	3. Person	
mehrere Besitzer		***le nôtre*** (der unsere)	***le vôtre*** (der eure, der Ihre)	***le leur*** (der ihre)	ein Besitz (mask.)
		la nôtre (die unsere)	***la vôtre*** (die eure, die Ihre)	***la leur*** (die ihre)	ein Besitz (fem.)
		les nôtres (die unseren)	***les vôtres*** (die euren, die Ihren)	***les leurs*** (die ihren)	mehrere Besitze

⚠ *Is it yours? – C'est* ***le*** *vôtre?*

F/E Im Englischen steht das *pronom possessif* immer ohne Artikel.

16.9
Gebrauch des *pronom possessif*

C'est ton livre?
C'est ***le tien?***
Oui, c'est ***le mien.***

C'est votre valise?
C'est ***la vôtre?***
Oui, c'est ***la mienne.***

Das *adjectif possessif* + Nomen kann durch Artikel + *pronom possessif* ersetzt werden.
Eine Wiederholung des Nomens wird dadurch vermieden.

Les miens bedeutet auch „meine Angehörigen".

A la vôtre (= à votre santé) bedeutet „Prost!".

Justifiez l'emploi de l'adjectif possessif et du pronom possessif et énoncez les règles.

1

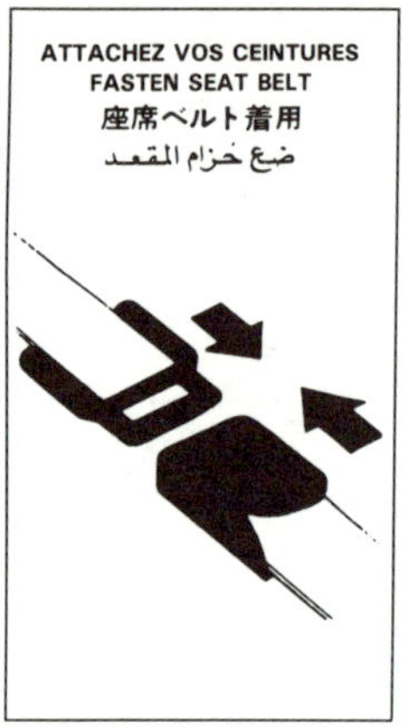

2 Camping La Brande

met à votre disposition ses équipements complets
TENNIS - GOLF MINIATURE
ouvert à tous
Location à la réception - Tél. 46 47 62 37

3 Donc, ne démarrez pas toutes vos phrases par «je». Rien de plus agaçant que ces gens qui monopolisent la conversation pour raconter leurs exploits ou, encore plus triste, leurs mésaventures avec le fisc, la concierge et leurs voisins de palier. Et laissez aux autres leurs scoops.

4 Les générations d'avant avaient des causes à défendre. Dans la mienne, il ne se passe rien de ce genre, on n'est plus ni pour ni contre rien d'important. Mais est-ce que ce n'est pas aussi une chance?

5 Ils sont silencieux, multicolores, inoffensifs. Ils viennent d'Europe, de Malaisie, d'Amérique. Leurs noms:

Belle Dame, Aurore, Tabac d'Espagne... ce sont des papillons. A la naissance, en 15 minutes, ils déploient leurs ailes et partent pour vivre leur existence fragile.

6 LE TEMPS

Les nuages feront leur retour au cours de la journée. Pluie possible en fin d'après-midi
Demain, températures en baisse

vos ceintures: Ihre Sicherheitsgurte – *équipements:* Einrichtungen – *location:* Vermietung – *démarrer:* anfangen – *agaçant:* auf die Nerven gehend – *mésaventures:* Mißgeschicke – *le fisc:* das Finanzamt – *palier:* Treppenabsatz – *scoops:* Knüller

17 Relativpronomen, Relativsatz

Le pronom relatif	das Relativpronomen, das bezügliche Fürwort
La proposition relative	der Relativsatz, der Bezugswortsatz
Le roman ***que j'ai lu ...*** *Le roman* ***qui est intéressant ...***	Der Roman, den ich gelesen habe ... Der Roman, der interessant ist ...

17.1
Die Relativpronomen *qui, que*

- *Regarde le livre*
  qui *est dans la vitrine.*
  Regarde le livre
  que *j'ai acheté.*
  Voici une photo
  qui *montre Olivier à 3 ans.*
  Voici la photo
  que *Sandrine a prise.*
  Voici la photo
  qu'*elle a prise.*

Beziehungswort[1]	***qui*** (Subjekt)	Relativsatz
Beziehungswort	***que*** (Objekt)	Relativsatz

Qui ist das Subjekt des Relativsatzes.
Que ist das (direkte) Objekt des Relativsatzes.
Statt *que* steht vor Vokal nur *qu'*.

⚠ F/D *qui* und *que* unterscheiden weder Maskulinum / Femininum noch Singular / Plural.

[1] „Beziehungswort" heißt auf französisch: *Antécédant.*

(*qui* und *que* können auch Fragepronomen sein → 3.1)

⚠ F/E *Les touristes* ***qui*** *sont arrivés hier ...*

The tourists ***who*** *arrived yesterday ...*
La lettre ***qui*** *est arrivée hier ...*
The letter ***which*** *arrived yesterday ...*

Im Gegensatz zum Englischen unterscheidet das französische Relativpronomen nicht zwischen „Personen" und „Sachen".
(Ausnahmen → 17.3, 17.4, 17.6)

> **Françoise Sagan a écrit à dix-neuf ans son premier roman, *Bonjour tristesse,* livre merveilleux qui aura trente ans l'année prochaine. Pour celles qui connaissent Sagan et qui l'aiment, cet *Orage immobile,* paru en librairie avec les giboulées de mars, est, comme on le dirait d'un champagne, du meilleur Sagan. Pour celles qui la découvrent, c'est la plus belle des initiations.**

17.2
Präposition + Relativpronomen (Formen)

	à + Relativpronomen:	de + Relativpronomen:		Sonstige Präposition + Relativpronomen:	
Maskulinum	***auquel***	***dont***	***duquel***	*avec*	***lequel***
Femininum	***à laquelle***		***de laquelle***	*pour*	***laquelle***
Maskulinum	***auxquels***	***dont***	***desquels***	*sous*	***lesquels***
Femininum	***auxquelles***		***desquelles***	*sur*	***lesquelles***
	(→ 17.3)	(→ 17.4)	(→ 17.5)	(→ 17.6)	

17.3
auquel / à laquelle …

Le livre
auquel *je pense*
devrait vous intéresser.
Brigitte
à qui *je voulais téléphoner*
était absente.

	auquel
Person	***à qui***

Auquel … steht für *à* + Relativpronomen. Wenn das Beziehungswort eine Person ist, gebraucht man lieber *à qui*.

17.4
dont

● UNE PERSONNE a trouvé la mort et neuf autres ont été intoxiquées, dont trois grièvement, dans l'incendie qui a ravagé hier matin, à 3 h 30, la galerie commerciale et la base de l'immeuble « Joffre », en plein centre de Nancy et dont les quelque 508 habitants ont dû être évacués.

(Sud-Ouest)

C'est le roman
dont *je t'ai parlé. (parler* ***de*** *qc)*
C'est le garçon
dont *je connais le père. /*
de qui *je connais le père.*
(le père ***de*** *ce garçon)*
C'est ***ce***
dont *je veux parler.*
C'est ***quelque chose***
dont *j'ai besoin. (avoir besoin* ***de*** *qc)*

Dont steht für *de* + Relativpronomen. Das Beziehungswort von *dont* ist Person oder Sache, auch *ce, quelque chose, rien.*
Wenn das Beziehungswort eine Person ist, kann statt *dont* auch *de qui* verwendet werden.

● *Le garçon*
dont ***le*** *père est médecin …*
(dessen ^ Vater)

dont	Artikel	Nomen

Zwischen *dont* und dem Nomen steht der bestimmte Artikel.
(*dont* statt *parmi lesquels* → 17.6)

17.5
duquel / de laquelle ...

Der Gebrauch von *duquel ...* wirkt sehr schwerfällig und sollte vermieden werden.
In 2 Fällen muß *duquel ...* statt *dont* stehen:

- *C'est une cathédrale **à l'histoire de laquelle** je m'intéresse.*
  (Besser: *C'est une cathédrale dont l'histoire m'intéresse.*

de + Relativpronomen hängen von einem Nomen mit Präposition ab.

- *J'ai trouvé un hôtel*
  ***près duquel** il y a une station de métro.*
  (Besser: *J'ai trouvé un hôtel tout près d'une station de métro.*)

Das *de* (in *duquel*) gehört zu einem präpositionalen Ausdruck wie *près de, à côté de, à cause de, à l'aide de ...*

17.6
lequel / laquelle ...

- *C'est la solution*
  ***pour laquelle** il s'est décidé.*
  Sandrine invite quelques amis
  ***avec lesquels** elle s'entend bien. /*
  ***avec qui** elle s'entend bien.*

Präposition	*lequel*

Lequel wird nach Präpositionen gebraucht (außer nach *de* und *à*).
Wenn das Beziehungswort eine Person ist, kann statt *lequel* auch *qui* stehen.

- *Ce sont les garçons, **parmi lesquels** je me suis fait des amis.*

Nach *parmi* und *entre* (zwischen) steht immer *lequel*, auch wenn das Beziehungswort eine Person ist. (*parmi qui* würde nicht gut klingen.)

- *Berlin est la ville*
  ***où** je suis né.*
  dans laquelle

  M. Dubois a quatre enfants
  ***dont** deux filles.*
  parmi lesquels

In zwei Fällen wird *lequel* ersetzt:
Statt *dans lequel* wird *où* gebraucht[1], statt *parmi lesquels* wird *dont* gebraucht.

COURSE infernale sur l'autoroute A 7 où un chauffard à bord d'une BMW 728 I lancée à plus de 200 km-heure a foncé vers le nord en tentant de pousser sur le bas-côté les voitures qu'il doublait.

La panique s'est emparé des automobilistes dont beaucoup ne s'en sont tiré qu'en lâchant l'accélérateur en voyant ce fou à leurs côtés.

(France-Soir)

- *Vous connaissez la mère de Jean-Paul,*
  ***laquelle** est secrétaire.*
  (Besser: *Vous connaissez la mère de Jean-Paul; elle est secrétaire.)*

Lequel ohne vorausgehende Präposition kommt kaum vor. Es kann zur deutlichen Unterscheidung, zur Vermeidung von Mißverständnissen verwendet werden.

---

[1] *où* wird auch *adverbe relatif* genannt, weil es Adverb ist und hier als Relativpronomen gebraucht wird.

17.7

ce qui, ce que (= was)

- *C'est **ce qui** m'intéresse.*
  *C'est **ce que** je veux savoir.*
  ***Ce qui** m'intéresse, ce sont tous les détails.*
  ***Ce que** je veux savoir, ce sont tous les détails.*
  *Olivier parle de **ce qu'**il a vu en Amérique.*
  *Il pense aussi à **ce qui** s'est passé à Montréal.*

übergeordneter Satz	***ce qui*** (Subjekt)
übergeordneter Satz	***ce que*** (Objekt)

Ce qui und *ce que* (was) beziehen sich auf kein bestimmtes Wort des übergeordneten Satzes[1].
Ce qui ist Subjekt des Relativsatzes, *ce que* ist Objekt des Relativsatzes.

- *C'est **ce qu'il** faut savoir.*
  *(*Falsch: *ce qui faut ...)*

Nur *ce qu'il* ist richtig: *ce que* ist Objekt im Relativsatz, *il* ist unpersönliches Subjekt.

Aussprache:
Il fait ce qu'il veut.

[1] Daher werden *ce qui* und *ce que* „neutrale" Relativpronomen genannt.

17.8

Präposition + *quoi*

- *C'est **quelque chose***
  ***à quoi** je m'intéresse.*
  *Il n'y a **rien***
  ***à quoi** je m'intéresse.*

ce / ***quelque chose*** / ***rien***	Präposition	***quoi***

Quoi steht (statt *lequel*) nach Präpositionen, wenn das Beziehungswort *ce, quelque chose, rien* ist.

- *Je ne comprends pas **de quoi** tu parles.*
  *Je ne sais pas **à quoi** ça sert.*

Präposition	***quoi***	Verb des Relativsatzes

Quoi steht (statt *ce que*) nach einer Präposition, die zum Verb des Relativsatzes gehört.

17.9

Beziehungswort – Relativsatz

- *La robe de grand-mère*
  que j'ai trouvée toute sale au grenier[2]. (Albert Hamon)

Richtig:
La robe
que j'ai trouvée toute sale au grenier
est de grand-mère.

[2] *grenier:* Dachboden

J'ai lu ce roman de Simenon
qui a plus de 200 pages.

Richtig:
J'ai lu ce roman
qui a plus de 200 pages.
Il est de Simenon.

Beziehungswort	Relativsatz

Der Relativsatz muß seinem Beziehungswort unmittelbar folgen. Andernfalls käme es leicht zu Verwechslungen. (→ 17.1)

- *Sauve qui peut.*
  (celui)
  Il le répète à qui veut l'entendre.
  (celui)
  Qui vivra, verra.
  (Celui)

Das Beziehungswort *celui* fällt in Sprichwörtern und Redewendungen gelegentlich weg.

(*celui* + Relativsatz → 15.4)
(*tout* + Relativsatz → 18.7)

17.10
Wortstellung im Relativsatz

● *La lettre*	*qui*	*est arrivée*	...
La lettre que	*je*	*lis ...*	
	Subj.	Prädikat	

Auch im Relativsatz steht die übliche Wortstellung: 1. Subjekt, 2. Prädikat. (→ 2.1)

- *La lettre que M. Dubois lit ... /*
  La lettre que lit M. Dubois ...
  L'histoire que ce roman raconte est amusante. /
  L'histoire que raconte ce roman est amusante.

Im Relativsatz ist nach *que* die Inversion[1] möglich, wenn das Subjekt ein Nomen ist.
(Verb im Relativsatz → 25.5)

17.11
Gebrauch der Relativsätze

[1] Inversion: Umstellung von Subjekt und Prädikat.

Un enfant bousculé par une voiture

Jeudi, vers 20 h 30, un bambin de 18 mois, Yves [redacted], dont les parents demeurent à Pleyber-Christ (Finistère) a été bousculé par une voiture qui manœuvrait dans un terrain de camping. Les pompiers du Château-d'Oléron ont pris en charge le bambin qui avait un bras cassé.

(Sud-Ouest)

Im Französischen sind Relativsätze sehr beliebt und werden sehr häufig gebraucht, viel häufiger als im Deutschen und im Englischen.

17.12
Verkürzte Relativsätze[1]

M. Dubois, ***(qui est)*** *ingénieur chez Renault, a acheté une nouvelle voiture. /*
M. Dubois, ingénieur chez Renault, a acheté une nouvelle voiture.

M. Martin habite une petite ville,
(qui n'est) *pas loin de Paris. /*
M. Martin habite une petite ville, pas loin de Paris.

Im verkürzten Relativsatz werden das Relativpronomen und *être* weggelassen.
Dieses elegante Stilmittel wird in französischen Texten sehr häufig gebraucht.

[1] Propositions relatives elliptiques
bousculé: umgeworfen – *demeurent:* wohnen – *les pompiers:* Feuerwehrmänner

17.13
Stellung des verkürzten Relativsatzes im Satzgefüge

Sandrine, *lasse*[1] *de se disputer*[2] *avec sa sœur, quitte la chambre.*
Nicole, *confuse, baisse la tête.*
Son frère, *ironique et amusé, la regarde.* (a)

Sandrine *quitte la chambre, lasse de se disputer avec sa sœur.*
Nicole *baisse la tête, confuse.*
Son frère *la regarde, ironique et amusé.* (b)

Lasse de se disputer avec sa sœur, ***Sandrine*** *quitte la chambre.*
Confuse, ***Nicole*** *baisse la tête.*
Ironique et amusé, ***son frère*** *la regarde.* (c)

Im Gegensatz zum vollständigen Relativsatz (→ 17.9) ist die Stellung des verkürzten Relativsatzes frei:
a) Er kann seinem Beziehungswort unmittelbar folgen,
b) er kann erst später folgen
c) oder seinem Beziehungswort vorausgehen.

[1] überdrüssig [2] sich streiten

Cherchez les propositions relatives complètes et les propositions relatives elliptiques. Justifiez l'emploi des pronoms relatifs et énoncez les règles.

1 … la vie c'est un livre qu'on aime, c'est un enfant qui joue à vos pieds, un outil qu'on tient bien dans sa main, un banc pour se reposer le soir devant sa maison.
(Anouilh: Antigone)

2 Je ne peux pas dire ce qui se passa pendant les minutes qui suivirent.
(Duhamel: Journal de Salavin)

3 Puis un jour chez une amie, je rencontrai un de ses cousins qui me plut et auquel je plus.
(F. Sagan: Bonjour, tristesse)

4

L'AUTO STOP SUR MINITEL

Fini d'attendre des heures aux entrées des autoroutes, le pouce tendu ! Un nouveau service télématique, « conviroute », entièrement dédié à l'auto-stop, met désormais en contact les auto-stoppeurs et les automobilistes. Sans payer de droit d'inscription, vous pouvez passer une offre ou une demande de véhicule qui sera classée en fonction de la région de départ.

5 **Auberge de la Vieille Tour**

1ère catégorie supérieure

Situé face à la mer et à l'îlet du Gosier, ce charmant hôtel se compose de 4 bâtiments ordonnés autour d'un moulin à vent du 18e siècle et disséminés dans un joli parc aux arbres centenaires. Les 80 chambres ont salle de bains ou douches, radio, téléphone, climatisation et balcon avec vue sur la mer.

20.35 Top secret

6 Film de Blake Edwards (1976). Avec Julie Andrews, Omar Sharif, Anthony Quayle, Oscar Homolka.
Une jeune veuve, séparée depuis peu d'un diplomate américain, noue une idylle avec un attaché militaire soviétique à Paris. Les services secrets trouvent suspecte cette liaison. Une comédie drôle et dynamique.

qui me plut: der mir gefiel – *minitel:* Btx – *le pouce:* der Daumen – *dédié:* gewidmet – *désormais:* von jetzt an – *droit:* Gebühr – *îlet:* kleine Insel – *ordonnés:* angeordnet – *disséminés:* verstreut – *noue:* beginnt – *liaison:* Verbindung

18 Indefinite Pronomen: *tout, chaque / chacun, quelque*

L'adjectif indéfini	das adjektivische Indefinitpronomen, der indefinite Begleiter, das unbestimmte Fürwort
***tout** le livre, **toute** la revue*	das ganze Buch, die ganze Zeitschrift
(Das *adjectif indéfini* steht vor seinem Nomen.)	
Le pronom indéfini	das alleinstehende indefinite Pronomen, das alleinstehende unbestimmte Fürwort
***Tous** sont là. Je les connais **tous**.* (Das *pronom indéfini* steht allein.)	Alle sind da. Ich kenne sie alle.

18.1
Formen des adjektivischen *tout*

- ***tout le** journal,* ***toute la** revue,*
  ***tous les** journaux,* ***toutes les** revues.*

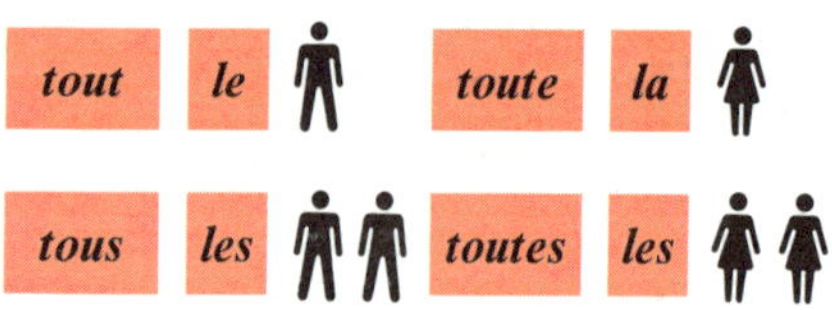

Die Formen des adjektivischen *tout* sind:
tout (Maskulinum Singular), *toute* (Femininum Singular), *tous* [tu] (Maskulinum Plural), *toutes* (Femininum Plural).

- *tout de suite* [tutsyit]
  tout à l'heure
  en tout cas
  tout de même[1] [tudmɛm]

In diesen Redewendungen bleibt *tout* unverändert.

---
[1] jedoch

18.2
tout + Nomen

- *tout **le** livre* (das ganze Buch)
  *tout **ce** livre* (dieses ganze Buch)
  *tout **son** livre* (sein ganzes Buch)

  *tous **les** livres*
  *tous **ces** livres*
  *tous **ses** livres*

Les services de cars Air France
relient les aéroports de Paris aux Terminaux en ville, toutes les 12 minutes.

tout	Artikel	Nomen
	Demonstrativpronomen	
	Possessivpronomen	

Zwischen dem adjektivischen *tout* und dem Nomen steht der Artikel (oder ein

Demonstrativpronomen oder ein Possessivpronomen).

- *à tout* ‸ *prix*
  toutes ‸ *sortes de légumes*

Wenn der Artikel, das Demonstrativpronomen oder das Possessivpronomen zwischen *tout* und Nomen weggelassen werden, haben *tout / tous* eine andere Bedeutung:
jede(r) beliebige, alle möglichen.

18.3
Verneinung des adjektivischen *tout*

Alle Schüler sind fleißig.
Nicht alle Schüler sind fleißig.

Tous les élèves sont appliqués.
***Tous** les élèves **ne** sont **pas** appliqués.*

Wenn das adjektivische *tout* verneint wird, behalten *ne* und *pas* ihre Stellung vor und hinter dem Verb.

18.4
Formen des alleinstehenden *tout*

- ***Tous** sont là. Ils sont **tous** là.*
  *Je les connais **tous.***

  Sandrine a invité ses amies:
  ***Toutes** sont venues.*
  *Elles sont **toutes** venues.*
  *Elle les embrasse **toutes.***

  Tout** est préparé. C'est **tout.

Mask.:	Fem.:	Neutrum:
tous [tus]	***toutes*** [tut]	***tout*** [tu]

Das alleinstehende *tout* hat drei Formen: *tous* (Maskulinum), *toutes* (Femininum), *tout* (Neutrum).

⚠ Alles Schöne.
F/D *Tout ce qu'il y a de beau. /*
Tout ce qui est beau.

An *tout* kann kein Adjektiv angefügt werden. Das Französische verwendet einen Relativsatz.

18.5
Tous, toutes als Objekt

Voilà les amis de Jean-Paul.
*Je **les** connais **tous.***
Sandrine a invité ses amies.
*Elle **les** a **toutes** embrassées.*

Auf *tous, toutes* (Objekt) muß durch *les* hingewiesen werden.

18.6
tout le monde / tous

- *Le président parle à tout le monde.*
  = à chacun.

  Sandrine parle à tous.
  = à tous les invités.

tout le monde = alle, jedermann;
tous = alle einer bestimmten Gruppe.

- ***Tout le monde** admire les vedettes.*
  ***Tous admirent** la robe de Sandrine.*

Nach *tout le monde* steht das Verb im Singular.
Nach *tous* steht das Verb im Plural.

18.7
Tous, toutes, tout + Relativsatz

*Tous **ceux** qui sont ici ...*
*Toutes **celles** qui sont venues ...*
*Tout **ce** qui se passe ici ...*
*Tout **ce** que j'ai entendu ...*
*Tout **ce** dont tu as parlé ...*

(J. Chirac, après les élections de 1988)

Tous	***ceux***	Relativsatz
Toutes	***celles***	
Tout	***ce***	

Zwischen *tous, toutes, tout* und dem Relativsatz stehen *ceux, celles, ce*.

⚠ F/D Im Deutschen folgt der Relativsatz unmittelbar:
Alle,‸ die gekommen sind ...

18.8
Adverbiales *tout*

*Un **tout** petit chien.*
*C'est **tout** simple.*
*C'est **tout à fait** simple.*

Tout (ganz) kann auch als Adverb gebraucht werden.
Das adverbiale *tout* kann durch *à fait* verstärkt werden.

[1] Tolérances (1976), Nr. 28c

18.9
Veränderlichkeit des adverbialen *tout*

Als Adverb müßte *tout* eigentlich unveränderlich sein. (→ 21.6)

Le chien est tout petit.
Les chiens sont tout‸ petits. (a)

*La chatte est tout**e** petite.*
*Les chattes sont tout**es** petites.*

*Sandrine est tout**(e)** **a**moureuse.*
*Sandrine est tout**(e)** **h**eureuse.* (b)

a) Das adverbiale *tout* ist unveränderlich vor männlichen Adjektiven.
b) Vor weiblichen Adjektiven wird das adverbiale *tout* verändert.
Wenn die Adjektive mit Vokal oder stummem h beginnen, kann die Endung von *tout* weggelassen werden[1].

18.10
chaque / chacun (= jeder)

***chaque** jour*
***chaque** fois*
***chacun** de nous*
***chacun** est content*

chaque	Nomen
chacun	–

chaque ist ein *adjectif indéfini*, es steht vor seinem Nomen.
chacun, chacune sind *pronoms indéfinis*, sie stehen allein.
An *chacun, chacune* kann kein Relativsatz angeschlossen werden.

⚠ Beachte die unterschiedliche Schreibung von *cha**cun*** und *quel**qu'un**.*

quelques-unes (Femininum Plural). Die Form *quelqu'une* (Femininum Singular) ist selten.

18.11
Formen von *quelqu'un*

> ***Quelqu'un*** *a téléphoné?*
> *Tu as parlé avec* ***quelques-uns?***
> *(= avec quelques amis)*
> *Tu as parlé avec* ***quelques-unes?***
> *(= avec quelques amies)*

Die Formen sind:
quelqu'un (Maskulinum Singular),
quelques-uns (Maskulinum Plural),

18.12
quelque / quelqu'un

> ***Quelques*** *Français étaient là.*
> *On a pris* ***quelques*** *photos.*
> ***Quelqu'un*** *a téléphoné?*
> *J'ai parlé avec* ***quelques-uns.***

quelque ist ein *adjectif indéfini,* es steht vor seinem Nomen.
quelqu'un ist ein *pronom indéfini,* es steht allein.

test

Relevez les formes de «tout ...» et justifiez-en l'emploi.

1 J'ai découvert que tout n'était pas tout noir ou tout blanc, mais les deux, et j'ai décidé de piocher dans le tas pour essayer de ramener un peu plus de blanc, si possible. »

2 **M. GREVISSE**
LE FRANÇAIS CORRECT
Pour éviter toutes les erreurs de langage. La langue française est pleine de chausse-trapes. Ce guide sera d'un précieux recours pour toutes questions de verbe, de vocabulaire, de conjugaison, etc.
448 pages - Couverture cartonnée glacée, illustrée en couleurs.

3 **Pour avoir les derniers flashes de l'actualité**
COMPOSEZ **3615**
TAPEZ **FRSOIR**
Tout ce qui est IM-POR-TANT, tout ce qui est à la « une », tout ce qui concerne la politique, les faits divers, l'étranger, l'économie, les sports, la télévision, les spectacles, les courses, les services est sur "FRANCE-SOIR" MINITEL.

4 Moi, je veux tout, tout de suite. (Anouilh: Antigone)

5 Oubliez tout ce que vous avez appris. Commencez par rêver.
(Inscription sur le mur de la Sorbonne)

piocher dans le tas: aufs Geratewohl etwas herausfischen – *chausse-trapes:* Fallen – *guide:* Führer – *recours:* Hilfsmittel – *tapez:* tippen Sie – *la «une»:* die erste Seite der Zeitung – *les courses:* die Pferderennen – *minitel:* Btx

19 Adverbialpronomen: *en, y*

L'adverbe pronominal, le pronom adverbial, le pronom-adverbe	das „Adverbialpronomen", das „Pronominaladverb"

(Die merkwürdige Doppelbezeichnung erklärt sich dadurch, daß *en* und *y* sowohl als Adverbien als auch als Pronomen gebraucht werden.)

19.1
Gebrauch von *en* als Adverb

Sandrine est sortie ***de l'hôpital?***
Oui, elle ***en*** *est sortie.*

de | adverbiale Bestimmung → ***en***

en steht für eine adverbiale Bestimmung mit *de*.

19.2
Gebrauch von *en* als Pronomen

- *Elle parle souvent* ***de sa maladie?***
  Oui, elle ***en*** *parle souvent.* (a)

  Elle mange beaucoup ***de fruits?***
  Oui, elle ***en*** *mange beaucoup.* (b)

  Elle mange ***de la salade?***
  Oui, elle ***en*** *mange.* (c)

  Elle a acheté ***des pommes?***
  Oui, elle ***en*** *a acheté.* (d)

de | Objekt → ***en***

en steht für ein Objekt mit *de*.

Das *de* kann sein:
a) die Präposition *de*,
b) partitives *de* (→ 11),
c) Teilungsartikel (→ 10),
d) Plural des unbestimmten Artikels.

- *Elle a acheté* ***quatre oranges.***
  Elle ***en*** *a acheté* ***quatre.***
  Elle mange ***une orange.***
  Elle ***en*** *mange* ***une.***
  Elle a apporté ***plusieurs bananes.***
  Elle ***en*** *a apporté* ***plusieurs.***

Zahl | Objekt → ***en*** | Zahl

en steht auch für ein Objekt mit einer Zahl (ohne *de*).

- *Tu parles de* ***Sandrine?***
  Oui, je parle ***d'elle.***

Wenn das Objekt eine Person ist, sollte *en* nicht gebraucht werden.

- *Tu te rappelles les détails **du film?***

  *Oui, je m'**en** rappelle les détails.* (a)

  *Tu te rappelles l'adresse **de Jean-Paul?***

  *Oui, je me rappelle **son** adresse.* (b)

de	Attribut

en

a) *en* steht auch für ein Attribut mit *de*.
b) Wenn das Attribut eine Person ist, wird *en* nicht verwendet.

19.3
Gebrauch von *y* als Adverb

*Sandrine n'est plus **à l'hôpital.***

*Elle n'**y** est plus.*

*Le cahier est **sous le livre.***

*Le cahier **y** est.*

à ***dans*** ***en*** ***sur*** ...	adverbiale Bestimmung des Ortes

y

y steht für eine adverbiale Bestimmung des Ortes mit *à, dans, en, sur, sous, à côté ...*

⚠ *Tu vas demain à la fac*[1]*?*
*Non, je n'**y** vais pas demain, j'*‸***irai*** *jeudi.*

y steht nicht vor den mit i beginnenden Formen des Verbs *aller*.

[1] *faculté:* Universität

19.4
Gebrauch von *y* als Pronomen

- *Sandrine s'intéresse **aux chevaux.***

  *Elle s'**y** intéresse beaucoup.*

  *Sandrine pense souvent **aux vacances.***

  *Elle **y** pense souvent.*

à ***dans*** ***en*** ***sur*** ...	Objekt

y

y steht für ein Objekt mit *à, dans, en, sur.*

- *Sandrine pense **à son ami.***

  *Elle pense **à lui.***

Wenn das Objekt eine Person ist, sollte *y* nicht verwendet werden.

19.5
y und *en* + Verb

- *Je **vous y** retrouve?*

  *Je **vous en** prie.*

  Il y a encore du café?

  *Oui, il **y en** a encore.*

Objektpronomen	***y***	***en***	Verb

y und *en* stehen (in dieser Reihenfolge) hinter dem Objektpronomen und vor dem konjugierten Verb.

- *Je m'**en** suis allé.*
  *Ils s'**en** étaient allés.*

  *Je me suis **en** allé.*
  *Ils s'étaient **en** allés.*

Bei *s'en aller* (in den zusammengesetzten Zeiten) stehen das Reflexivpronomen und *en* vor der Form von *être*. – Die Stellung von *en* vor dem Partizip Perfekt ist heute üblich.

19.6
y und *en* + Infinitiv

*Tiens, on sonne. Il doit **y avoir** quelqu'un.* (Ionesco: La Cantatrice chauve)

*Il va **y avoir** du monde?*
*Oui, il va **y en avoir**.*

y und *en* stehen (in dieser Reihenfolge) vor dem Infinitiv.

19.7
y und *en* + Imperativ

*Prenez-**en**. N'**en** prenez pas.*
*Vas-**y** toi-même. N'**y** va pas.*

y und *en* stehen hinter dem Imperativ. Zwischen dem Imperativ und *y*, *en* steht ein Bindestrich.
(Beachte die Sonderform: *Vas-y*.)
y und *en* stehen vor dem verneinten Imperativ nach *ne*.

test

Justifiez l'emploi de l'adverbe pronominal «en» et énoncez les règles.

1 **VIANDES**

Veau : *c'est le moment d'en acheter.* La production est importante, surtout en veaux fermiers.

2 ***Cerises :***
leur saison est trop courte car on peut le dire, c'est le fruit le plus précieux pour votre organisme. Faites-en une cure, vous serez en pleine forme !

3 **UNE BONNE DISTRIBUTION**

Entourée de petits enfants, une dame compte les bonbons contenus dans le sac qu'elle vient d'acheter.

Elle arrive à cette conclusion :

« Si j'en donnais quatre à chacun, il en manquerait quatre bonbons. Si j'en donne trois, il en restera quatre dans le sac. »

Etant gourmande, elle a adopté la seconde solution ! Mais pouvez-vous, en une minute, trouver le nombre des enfants et celui des bonbons ?

4 **Olga, dix-neuf ans, porte toujours des pantalons et a un comportement masculin. Ses parents la traitent de «garçon manqué». Elle en souffre et cela la rend timide.**

veau: Kalb – *cerises:* Kirschen – *distribution:* Verteilung – *elle a adopté la seconde solution:* sie hat sich für die zweite Lösung entschieden – *comportement:* Verhalten – *timide:* schüchtern

Adjektiv, Adverb

20 Adjektiv

L'adjectif	das Adjektiv, das Eigenschaftswort.
L'épithète *Le chien **furieux** aboie*[1].	(Das „*épithète*" steht beim Nomen.)
L'apposition *Le chien, **furieux**, aboie.*	(Die „*apposition*" steht beim Nomen und ist durch Komma von ihm getrennt.)
L'attribut *Le chien est **furieux**.* *Le chien semble **furieux**.* *Le chien devient **furieux**.*	(Das „*attribut*" steht nach einem Hilfsverb.)

20.1
Veränderlichkeit der Adjektive
(Grundregel)

- *le grand arbre, la grande maison*
  les grands arbres, les grandes maisons
  il est grand, elle est grande
  ils sont grands, elles sont grandes

	Adjektiv			Adjektiv	*-e*
	Adjektiv	*-s*		Adjektiv	*-es*

Das Adjektiv richtet sich in Geschlecht und Zahl nach seinem Beziehungswort.

---

[1] bellt
nourri: mit Verpflegung – *certificats:* Zeugnisse – *véhicules:* Fahrzeuge

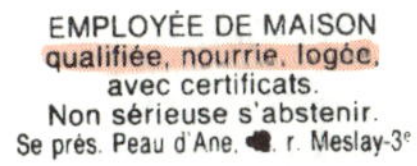
EMPLOYÉE DE MAISON
qualifiée, nourrie, logée,
avec certificats.
Non sérieuse s'abstenir.
Se prés. Peau d'Ane, r. Meslay-3e

- *les grands arbres*

Das -s wird nur in der Bindung gesprochen.

⚠ F/D
Der Baum ist groß∧.
Das Haus ist groß∧.
Die Kirche ist groß∧.
Die Kirchen sind groß∧.

Im Gegensatz zum Französischen wird im Deutschen das prädikative Adjektiv nicht verändert.

⚠ The big tree.
F/E The big trees.
The trees are big.

Im Gegensatz zum Französischen wird im Englischen das Adjektiv überhaupt nicht verändert.

20.2
Ergänzungen zur Grundregel 20.1

● *Le bâtiment et* ***la*** *tour sont grand***s**.

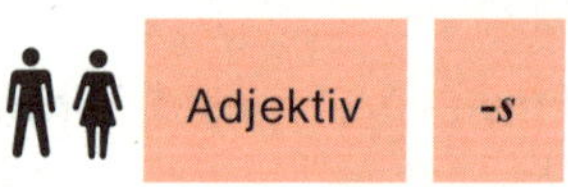

Wenn das Adjektiv ein männliches und ein weibliches Beziehungswort hat, richtet sich die Endung nach dem männlichen.

● *Vous êtes content, monsieur?*
*Vous êtes content***e**, *madame?*
*Vous êtes content***s**, *mesdames et messieurs?*

Wenn *vous* aus Höflichkeit verwendet wird, richtet sich die Adjektiv-Endung nach der gemeinten Person.

● *la grand-mère*
*les grand-mères/les grand***s***-mères*

Beide Pluralformen von *grand-mère, grand-tante* usw. sind richtig[1].

● *Courir nu-pieds*[2]*/courir nus pieds.*
Attendre une demi-heure/
*une demi***e** *heure.*

Beide Formen sind richtig[3].

[1] Tolérances 1976, Nr. 21 [2] barfuß
[3] Tolérances 1976, Nr. 20

● *Elle semble inquiète*[1].
Elle a l'air inquiète.
Elle a l'air inquiet.

Das Adjektiv nach *air* kann verändert werden, oder es bleibt unverändert[2].

● *Dans les fables, les bêtes même***s***/même parlent.*

même (= sogar) kann mit *-s* geschrieben werden[3].

20.3
Adjektive auf -e im Maskulinum Singular

Oliver est aimable.	[-ə]
Sandrine aussi est aimable.	[-ə]
Ils sont aimables.	[-ə]
Elles sont aimables.	[-ə]

Viele Adjektive werden auch im Maskulinum Singular mit *-e* geschrieben. (Liste → Nebenseite)

20.4
Adjektive auf -s im Maskulinum Singular

le pantalon gris	[-]
la jupe grise	[-z]
les pantalons gris	[-]
les jupes grises	[-z]

Einige Adjektive werden im Maskulinum Singular mit *-s* geschrieben. (Liste → Nebenseite)

[1] beunruhigt [2] Tolérances 1976, Nr. 23
[3] Tolérances 1976, Nr. 27

CRÉDIT AGRICOLE

Ebenso wie ***aimable:*** *agréable, aveugle, beige, calme, capable, célèbre, confortable, difficile, double, électrique, énorme, étrange, facile, faible, fidèle, formidable, gauche, habile, humide, impossible, inutile, jaune, jeune, juste, large, libre, logique, magnifique, malade, mince, moderne, nécessaire, pauvre, possible, propre, rapide, rare, responsable, riche, ridicule, rouge, sale, simple, solide, sombre, tendre, terrible, tranquille, triste, utile, vide . . .*

CRÉDIT LYONNAIS

Ebenso wie ***gris:*** *anglais, bourgeois, confus, divers, français, gaulois, mauvais, précis, promis . . .*
(*bas, épais, frais, gras, gros* sind unregelmäßig › Seite 102.)

20.5
Unregelmäßige Adjektive (I)

	-c			-f		-g
Mask. Sing.	*blanc*	*sec*	*public*	*sportif*	*bref*	*long*
Fem. Sing.	*blanche*	*sèche*	*publique*	*sportive*	*brève*	*longue*
Mask. Plural	*blancs*	*secs*	*publics*	*sportifs*	*brefs*	*longs*
Fem. Plural	*blanches*	*sèches*	*publiques*	*sportives*	*brèves*	*longues*
Ebenso:	*franc*		*caduc* *turc* Aber: *grec* *– grecque*	*actif* *attentif* *collectif* *naïf* *neuf* *relatif* *tardif* *vif* . . .		

-l

Mask. Sing.	*amica**l***	*nature**l***	*parei**l*** [-ɛj]	*genti**l*** [-ti]
Fem. Sing.	*amica**le***	*nature**lle***	*parei**lle***	*genti**lle*** [-tij]
Mask. Plural	*amic**aux***	*nature**ls***	*parei**ls***	*genti**ls***
Fem. Plural	*amica**les***	*nature**lles***	*parei**lles***	*genti**lles***
Ebenso:	*brutal* *central* *commercial* *égal* *familial* *immoral* *local* *loyal* *médical* *minéral* *national* *original* *postal* *principal* *social* *spécial* *total* *végétal* ABER: *banal* – *banals* *fatal* – *fatals* *final* – *finals* *naval* – *navals*	*actuel* *annuel* *criminel* *cruel* *essentiel* *exceptionnel* *individuel* *industriel* *intellectuel* *maternel* *mensuel* *mortel* *officiel* *paternel* *personnel* *professionnel* *réel* *sensationnel* *traditionnel* *visuel*		

soldes d'été
QUALITES IRREPROCHABLES
PRIX EXCEPTIONNELS

loterie nationale

-n **-r** **-s**

Mask. Sing.	*bo**n***	*mali**n***	*étrange**r***	*che**r*** [ʃɛːr]	*ba**s***	*frai**s***
Fem. Sing.	*bo**nne***	*mali**gne***	*étrang**ère***	*ch**ère*** [ʃɛːr]	*ba**sse***	*fra**îche***
Mask. Plural	*bo**ns***	*mali**ns***	*étrange**rs***	*che**rs*** [ʃɛːr]	*ba**s***	*frai**s***
Fem. Plural	*bo**nnes***	*mali**gnes***	*étrang**ères***	*ch**ères*** [ʃɛːr]	*ba**sses***	*fra**îches***
Ebenso:	*ancien* *européen* *moyen*	*bénin*	*dernier* *entier* *familier* *financier* *léger* *premier* *régulier*	*amer* *fier*	*épais* *gras* *gros* *las*	

	-t		-u	-x		
Mask. Sing.	*sot* [so]	*inquiet*	*aigu*	*heureux*		*faux*
Fem. Sing.	*so**tte*** [sɔt]	*inquiè**te***	*aigu**ë***	*heureu**se***		*fau**sse***
Mask. Plural	*sot**s***	*inquiet**s***	*aigu**s***	*heureu**x***		*fau**x***
Fem. Plural	*so**ttes***	*inquiè**tes***	*aigu**ës***	*heureu**ses***		*fau**sses***
Ebenso:	*vieillot* Aber: *dévot* *– dévote* *idiot* *– idiote*	*complet* *concret* *discret* *secret* Aber: *cadet* *– cadette* *coquet* *– coquette* *muet* *– muette* *net* *– nette*	*ambigu*	*affectueux* *affreux* *amoureux* *audacieux* *courageux* *curieux* *dangereux* *délicieux* *fameux* *furieux* *gracieux* *joyeux* *luxueux* *malheureux* *merveilleux* *mystérieux* *nerveux*	*nombreux* *paresseux* *peureux* *précieux* *religieux* *sérieux* *silencieux* *vigoureux* ...	*roux* Aber: *doux* *– douce* *jaloux* *– jalouse*

● **Fille d'agriculteur, 30 ans,** jolie, célibataire, cheveux longs, intelligente, féminine, douce, affectueuse, souhaiterait rencontrer homme sincère ; région indifférente.

● **Infirmière célibataire,** vingtaine, très jolie blonde, yeux clairs, douce, honnête, travailleuse, rencontrerait homme franc, situation stable ; peut tout quitter.

Bel Air

20.6
Unregelmäßige Adjektive (II)

Zwei Formen im Maskulinum Singular:

- *Un **beau** garçon, un **bel h**omme*
  une belle femme
  les beaux garçons, les belles femmes
  Cet homme est beau.

bel steht (statt *beau*) vor Vokal und stummem h.

- *le **nouveau** prof, un **nouvel é**lève*
  la nouvelle salle de classe
  les nouveaux professeurs
  les nouvelles salles de classe

nouvel steht (statt *nouveau*) vor Vokal und stummem h.

- *un **vieux** monsieur, un **vieil h**omme*
  une vieille dame
  les vieux hommes, les vieilles dames
  un homme vieux et sage ...

vieil steht (statt *vieux*) im Singular vor Vokal und stummem h[1].

---

[1] Ebenso:
fou / fol, folle, fous, folles (verrückt),
mou / mol, molle, mous, molles (weich)

20.7
Unveränderliche Adjektive

- *la musique pop* ∧
  des prix choc ∧
  des modèles sport ∧
  des chaussures marron ∧
  des pommes vapeur ∧

Einige Adjektive sind unveränderlich. Dazu gehören alle Nomen, die als Adjektive gebraucht werden.

> Ebenso wie ***marron:*** *argent, aubergine, azur, bleu ciel, cerise, chocolat, citron, crème, kaki, olive, or, orange, paille, tabac ...*

- *Voilà des jupes bleu* ∧ *marine* ∧.
  Tu aimes cette étoffe gris ∧ *clair* ∧ *?*

Zusammengesetzte Farbadjektive sind unveränderlich.

- *des robes chic* ∧ */ chics*
  des filles sympa ∧ */ sympas*

chic und *sympa* können nur ein Plural *-s* bekommen, nicht die Endung *-e* im Femininum.

---

lait entier: Vollmilch – *commandes:* Steuer – *coussins:* Kissen – *maintenir:* halten

20.8
Regelmäßige Steigerung der Adjektive

grand	↓	groß
***plus** grand*		größer[1]
***le plus** grand*		der größte[2]

*C'est la maison **la plus** grande.*

PILOTE
A ONZE ANS

Au commandes d'un monomoteur, un garçon de onze ans est devenu le plus jeune pilote à réussir le survol de l'Amérique. Trois coussins ont été nécessaires pour le maintenir à hauteur du cocpit. Le jeune héros veut maintenant entreprendre un tour du monde aérien.

Die Adjektive werden regelmäßig mit *plus* und *le / la plus* gesteigert.

20.9
Unregelmäßige Steigerung von Adjektiven

- *bon, bonne*
  meilleur, meilleure
  le meilleur, la meilleure ↓

Bon wird unregelmäßig (mit *meilleur*) gesteigert.

⚠ Die Steigerung von *bon* mit *plus* ist nur in der Formulierung *plus ou moins bon* möglich.

---

[1] Komparativ [2] Superlativ

- *mauvais* — *plus mauvais* — *le plus mauvais* ↓ **pire** — **le pire**

  *Je m'attends au **pire**.*

mauvais (schlecht) wird regelmäßig gesteigert. Unregelmäßig gesteigert, hat es eine andere Bedeutung: „schlimm".

- *petit* — *plus petit* — *le plus petit* ↓ **moindre** — **le moindre**

  *Eviter la **moindre** faute.*

petit (klein) wird regelmäßig gesteigert. Unregelmäßig gesteigert, hat es eine andere Bedeutung: „gering".

20.10
Adjektiv + Nomen

- *un **beau** film, un **bon** résultat,*
  *une **grande** ville, un **gros** nuage,*
  *un **jeune** homme, une **jolie** robe,*
  *un **mauvais** résultat, une **petite** ville,*
  *une **vieille** cathédrale.*

beau ***bon*** ***grand*** ***gros*** ***jeune*** ***joli*** ***mauvais*** ***petit*** ***vieux***	Nomen

Die aufgezählten 9 Adjektive stehen immer vor ihrem Nomen.

- *la robe bleue*
  le gouvernement français
  la cathédrale gothique

Boulou, chaton mâle gris et blanc, deux mois.

(Jours de France)

Nomen	Adjektiv

Alle anderen Adjektive stehen im Französischen hinter ihrem Nomen.

⚠ Ein nettes Mädchen,
F/D ein gutes Resultat.
F/E *She's a nice girl. A good result.*

Im Deutschen und im Englischen stehen die Adjektive vor ihrem Nomen.

---

vœux: Wünsche

chaton: Kätzchen – *mâle:* männlich

20.11
Adjektiv + Nomen
(Besonderheiten)

● ***chère*** *Sandrine*	(liebe)
un appartement ***cher***	(teuer)
une ***curieuse*** *habitude*	(merkwürdig)
un regard ***curieux***	(neugierig)
un ***noble*** *caractère*	(edel)
une famille ***noble***	(adlig)
un ***pauvre*** *homme*	(bedauernswert)
une famille ***pauvre***	(arm)
mon ***propre*** *intérêt*	(eigen)
une chemise ***propre***	(sauber)
un ***sale*** *type*	(übel)
une chemise ***sale***	(schmutzig)

Einige Adjektive haben eine unterschiedliche Bedeutung, je nachdem, ob sie vor oder hinter dem Nomen stehen.

● *la Basse-Normandie*
la haute couture
un haut fonctionnaire[1]
un long séjour
une courte maladie
un riche Américain
faire la sourde oreille[2]
avoir un vif intérêt
libre-service
pure laine ...

Bei einigen Namen, feststehenden Ausdrücken und Redewendungen stehen Adjektive vor dem Nomen.

● *une énorme bêtise*
entendre d'épouvantables[3] *cris*
une importante décision
une immense joie
une épaisse couche[4] *de neige*

> **Les fruits rouges** (fraises, framboises) qui, mélangés avec yaourt et fromage blanc, offrent d'agréables desserts. (Santé)

Zur expressiven Betonung werden Adjektive, die üblicherweise hinter dem Nomen stehen, vorangestellt.
Dieses Stilmittel sollte sehr sparsam verwendet werden.

[1] Beamter [2] sich taub stellen [3] schrecklich
[4] Schicht *framboises:* Himbeeren

20.12
de + Adjektiv

● *quelque chose* ***d'****intéressant*
rien ***de*** *nouveau*

quelque chose		
autre chose		
rien	***de***	Adjektiv
quelqu'un		
personne		

An *quelque chose, autre chose, rien, quelqu'un, personne* wird das Adjektiv mit *de* angefügt.
Ebenso: *Quoi de neuf?*

⚠ An *tout* kann kein Adjektiv angefügt werden. (→ 18.4)

● *un drôle* ***de*** *type*
(= ein sonderbarer Kauz)
une drôle ***d'****histoire*
(= seltsam, merkwürdig)
une histoire drôle (= lustig)

Wenn *drôle* vorangestellt wird, steht zwischen *drôle* und dem Nomen *de*.

test

Justifiez l'emploi de la forme et la place des adjectifs. Enoncez les règles.

1

2 Le capitaine est un vieil ami de la maison. (Ionesco: La Cantatrice chauve)

3 Bonjour, Madame Smith. Vous avez l'air fâché. (Ionesco: La Cantatrice chauve)

4 – Et ... il n'y a plus aucun, aucun espoir?
– Pas le moindre. (Roger Martin du Gard: Les Thibault – La Consultation)

5

Laurent Fignon lève les bras. Il semble s'envoler vers de nouvelles victoires ...

6

QUALITÉS, APTITUDES

Le métier de cuisinier exige une excellente santé, une bonne résistance à la station debout et à la chaleur, de la vivacité, une certaine habileté manuelle, du calme, de la patience, de l'ordre, de la mémoire, une bonne acuité visuelle et une bonne audition ; le goût et l'odorat très sûrs ; de l'imagination et le sens de l'hygiène...

fâché: ärgerlich – *exige:* fordert – *la station debout:* das Stehen – *du calme:* Ruhe – *acuité visuelle:* Sehschärfe – *audition:* Hören – *l'odorat:* Geruch – *l'imagination:* Phantasie

21 Adverb

L'adverbe	das Adverb, das Umstandswort

Es gibt im Französischen zwei Sorten von Adverbien:

Adverbes simples *volontiers, beaucoup, très ...*	„ursprüngliche" Adverbien (Sie haben keine typische Endung.)
Adverbes en -ment *facilement, clairement ...*	„abgeleitete" Adverbien (Sie sind von Adjektiven abgeleitet und haben die Endung *-ment*.)

21.1
Regelmäßig abgeleitete Adverbien

● *clair*	*adjectif*	*(m)*
claire	↓	*(f)*
*clair**ement***	*adverbe*	
lent	*adjectif*	*(m)*
lente	↓	*(f)*
*lent**ement***	*adverbe*	
léger	*adjectif*	*(m)*
légère	↓	*(f)*
*légèr**ement***	*adverbe*	
sérieux	*adjectif*	*(m)*
sérieuse	↓	*(f)*
*sérieus**ement***	*adverbe*	
rare	*adjectif*	*(m)*
rare	↓	*(f)*
*rar**ement***	*adverbe*	

Adjektiv	feminine Endung	***ment***

Adverb

An die feminine Form des Adjektivs wird die Endung *-ment* angefügt.

● *Il parle **d'une façon intéressante.***
*Elle s'habille **d'une façon moderne.***
*On m'a expliqué le fonctionnement de la machine **d'une façon précise.***

Nicht von allen Adjektiven lassen sich geläufige Adverbien auf *-ment* ableiten. Man behilft sich dann mit der Umschreibung ... *d'une façon* + Adjektiv / ... *d'une manière* + Adjektiv.

[1] -ment kommt von dem lateinischen Wort „mens, mentis" = Geist.

21.2
Unregelmäßige abgeleitete Adverbien

	bref *brève*	*énorme* *énorme*	*évident* *évidente*	*gentil* *gentille*	*vrai* *vraie*
	*br**i**èvement*	*énorm**é**ment*	*évide**mm**ent* [-amɑ̃]	*gentiment* ^	*vraiment* ^
Ebenso:	*gr**i**èvement**	*assurément* *conformément* *confusément* *forcément* *impunément* *intensément* *précisément* *profondément* ...	*apparemment* *prudemment* *récemment* *bruyamment* *constamment* *élégamment* *suffisamment* Aber: *lentement*		*absolument* *aisément* *hardiment* *poliment* Aber: *gaîment* / *gaiement*

**grièvement* wird nur mit dem Verb «*blesser*» gebraucht:
Les victimes de l'accident ont été grièvement blessées.
Aber: *Elle est gravement malade.*

86 morts, 696 blessés durant le week-end

86 morts, 696 blessés, dont 202 grièvement, tel est le bilan provisoire des accidents de la route du week-end

(Le Parisien)

21.3
Unregelmäßige Adverbien (ohne Endung *-ment*)

bon *bonne*	*mauvais* *mauvaise*	*rapide* *rapide*
bien	***mal***	*vite* / *rapidement*

Zum Adjektiv *bon, bonne* gehört das Adverb *bien,* zum Adjektiv *mauvais, mauvaise* gehört das Adverb *mal.*
Zum Adjektiv *rapide* gehören zwei Adverbien: *vite* und *rapidement.*

21.4
Regelmäßige Steigerung der Adverbien

facilement	leicht
***plus** facilement*	leichter[1]
***le plus** facilement*	am leichtesten[2]
vite	schnell
***plus** vite*	schneller
***le plus** vite*	am schnellsten

Die Adverbien werden mit *plus, le plus* gesteigert.

[1] Komparativ [2] Superlativ

21.5
Unregelmäßige Steigerung einiger Adverbien

● *beaucoup* | *peu* | *bien*
plus | ***moins*** | ***mieux***
le plus ↓ | ***le moins*** ↓ | ***le mieux***

beaucoup, peu, bien werden unregelmäßig gesteigert.

● *Tant **pis!***

pis, die unregelmäßige Steigerung von *mal,* kommt nur noch in einigen Wendungen vor.

21.6
Unveränderlichkeit der Adverbien

Ils viennent ensemble∧.
Elle parle clairement∧.
Cette moto fonctionne bien∧.

Adverbien sind unveränderlich.
(Ausnahme: *Tout* als Adverb → 18.9)

21.7
Gebrauch der Adverbien

●

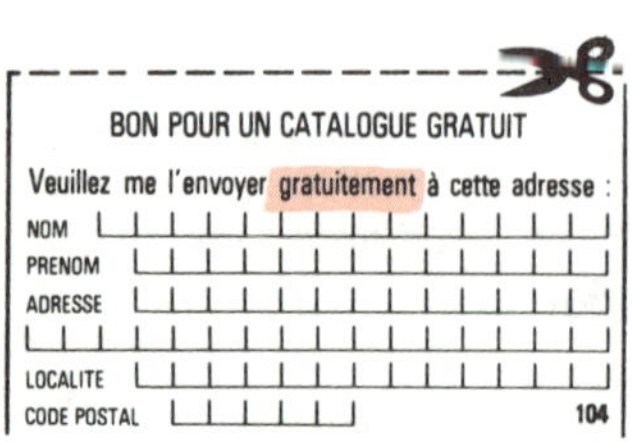

*rouler **vite**, rouler **lentement***
*c'est **très** beau*
*c'est **absolument** vrai*
***très** vite, **plus** souvent*

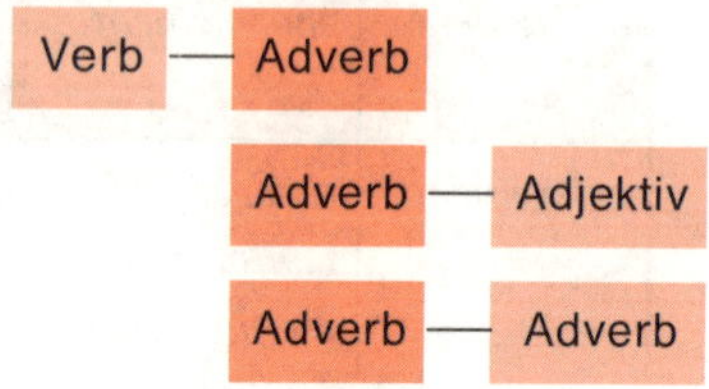

Folgende Wortarten werden durch Adverbien näher bestimmt:
a) Verben,
b) Adjektive,
c) andere Adverbien.

● ***Heureusement,** je n'ai pas fait de faute.*
*J'ai vu, **hier,** mon ami chez le coiffeur.*

Das Adverb kann sich auf den ganzen Satz beziehen.

21.8
très / beaucoup / fort

● *très **intéressant**, très **beau*** (a)
*très **bien**, très **vite*** (b)

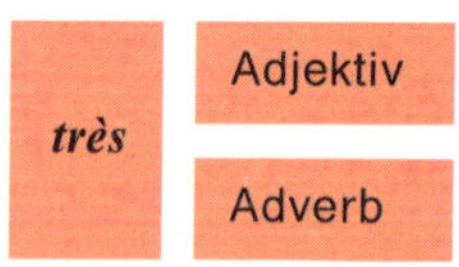

Très steht vor dem
a) Adjektiv,
b) Adverb (außer vor *mieux, moins, plus, trop*).

⚠ *très* kann nicht vor *beaucoup* stehen.
(sehr viel = *énormément*)

● *J'ai très **soif**.*

Très kann auch bei *avoir soif, avoir faim, avoir envie* stehen.

● *Sandrine **travaille** beaucoup.*
*Elle **s'occupe** beaucoup de ses frères et sœurs.* (a)
*beaucoup **plus**, beaucoup **mieux*** (b)

beaucoup	Verb
	mieux, moins, plus, trop

Beaucoup steht
a) hinter dem Verb,
b) vor den Adverbien *mieux, moins, plus, trop*.

● *Une histoire **fort** amusante.*
***Fort** bien, tousser **fort**.*

fort kann in gehobener Sprache für *très* und *beaucoup* gebraucht werden.

21.9
Adverbien als Adjektive

*Ce film n'est pas **mal**.*
*J'ai trouvé quelque chose de **mieux**.*

Es kommt vor, daß die Adverbien *bien, mal, mieux* als Adjektive gebraucht werden.
Sie bleiben unverändert.
(Ebenso: *la place debout, la presque totalité*)

21.10
Adjektive als Adverbien

● *Cette rose sent **bon**.*
*Les grosses voitures coûtent **cher**.*
*Je vois **clair** dans cette affaire.*
*Elle travaille **dur**.*
*Brigitte chante **faux**.*
*Olivier saute **haut**.*

SANS DROGUE,
VIVRE LIBRE.
TOUT SIMPLEMENT.

(Fondation Toxicomanie et Prévention Jeunesse, 1987)

Einige kurze Adjektive können in Redewendungen als Adverbien gebraucht werden.

● *La fenêtre est grand(e) ouverte.*

In dieser Redewendung wird *grand* als Adverb gebraucht und kann verändert werden.

⚠	*un ouvrier lent*	ein langsamer Arbeiter
F/D		
F/E	*parler lente**ment***	langsam sprechen
	a slow worker	
	speak slowly	

Im Gegensatz zum Französischen und Englischen kann im Deutschen jedes Adjektiv auch als Adverb gebraucht werden.

---

drogue: Rauschgift

Adverbien

Viele deutsche Adverbien können im Französischen durch Verben ausgedrückt werden:

Deutsch: Verb – Adverb	Französisch: Verb – Infinitiv
Er telefoniert **gerade.**	*Il **est en train de** téléphoner.*
Sie tanzt **gern.**	*Elle **aime** danser.*
Ich trinke **lieber** Wein.	*Je **préfère** boire du vin.*
Ich habe **schließlich** zugestimmt.	*J'ai **fini par** donner mon consentement.*
Ich werde Sie **sicher** informieren.	*Je **ne manquerai pas de** vous informer.*
Sie kommt **soeben.**	*Elle **vient d'**arriver.*
Sie hat **ununterbrochen** geredet.	*Elle **n'a pas arrêté de** bavarder.*
...	

Viele deutsche Adverbien können im Französischen durch Präposition + Nomen ausgedrückt werden:

Deutsch: Verb – Adverb	Französisch: Verb – Präposition – Nomen
Dringend den Arzt rufen.	*Appeler le médecin **d'urgence.***
Erfolglos arbeiten.	*Travailler **sans succès.***
Hastig seinen Kaffee trinken.	*Boire son café **en hâte / à la hâte.***
Mühelos lernen.	*Apprendre **sans peine.***
Neugierig hinsehen.	*Regarder **avec curiosité.***
Respektvoll antworten.	*Répondre **avec respect.***
Sehr schnell fahren.	*Rouler **à toute vitesse.***
Sich **vergeblich** bemühen.	*S'efforcer **en vain.***
...	

test

Justifiez l'emploi des adverbes. Enoncez les règles.

1

2 **"Je sens bon.
Je me sens bien."**

3 Vous êtes bien aimable. (Ionesco: Victimes du devoir)

4 … on a longuement discuté le pour et le contre. (Anouilh: L'Alouette)

5 C'est ça, les gens, ils ont l'air gai. Il se sentent bien dans leur peau. (Ionesco: Rhinocéros)

6 **Pour rendre ce voyage agréable à tous, nous vous demandons de bien vouloir respecter scrupuleusement les zones "fumeur" et "non fumeur" qui vous sont indiquées sur les appuie-tête de vos sièges. Par ailleurs, nous prions les fumeurs de pipes et de cigares d'être particulièrement attentifs à ne pas troubler le confort de leurs voisins. Nous vous remercions de votre compréhension.**

cette chemise: dieses Hemd – *dans leur peau:* in ihrer Haut – *les appuie-tête:* Kopfstützen – *par ailleurs:* ferner – *compréhension:* Verständnis

22 Vergleich

La comparaison	der Vergleich
Rapide comme l'éclair.	Schnell wie der Blitz.

22.1
Vergleichsadverbien: *comme, que*

● *Sandrine aime son petit chat.*
Elle lui parle ***comme*** *à une vraie personne.*
Brigitte s'habille ***comme*** *les autres jeunes filles.*
Tout s'est passé ***comme*** *prévu.*
«V» ***comme*** *«victoire».*

	comme	

Im Vergleich steht *comme* ohne hinweisendes Wort.

● *Sandrine est* ***plus*** *gentille* ***que*** *ses camarades.*
Elle connaît les ***mêmes*** *garçons* ***que*** *Brigitte.*
On dit qu'elle danse ***mieux que*** *Brigitte.*

plus	***que***	
moins		
autre ...		

Im Vergleich steht *que*, wenn ein hinweisendes Wort vorausgeht, zum Beispiel *plus, moins, aussi, si, même, autre, autrement, mieux, autant.*

22.2
aussi ... que, autant ... que

● *Sandrine est* ***aussi sympathique*** *que sa sœur.* (a)
Elle vient nous voir ***aussi souvent*** *que ses frères.* (b)
Brigitte n'est ***pas si*** *sympathique que sa sœur.*
Est-elle ***si*** *sympathique que Sandrine?*

aussi	Adjektiv	***que***
	Adverb	

aussi ... que steht beim
a) Adjektiv,
b) Adverb.

Statt *aussi ... que* kann in verneinten und fragenden Sätzen auch *si ... que* stehen.

● *Sandrine* ***travaille autant*** *que son ami Olivier.* (a)
Son père gagne ***autant d'argent*** *que le père d'Olivier.* (b)
Brigitte ne travaille ***pas tant*** *que Sandrine.*

autant	Verb	***que***
	Nomen	

autant ... que steht beim
a) Verb,
b) Nomen.

Statt *autant ... que* kann in verneinten Sätzen auch *tant ... que* stehen.

22.3
davantage / plus (= mehr)

Olivier a une belle moto,
mais la moto de Jean-Paul me
plaît davantage.

Davantage kann statt *plus* beim Verb stehen. *Davantage* betont stärker als *plus.*

22.4
si, tant (hoher Grad)

- *Ce problème n'est pas* ***si simple.***
  C'est ***si compliqué!*** (a)
  Olivier espère ***tant*** *revoir son amie.*
  Son père gagne ***tant d'argent!*** (b)

Si und *tant* werden auch gebraucht, um einen hohen Grad auszudrücken.
a) *Si* steht vor Adjektiv, Adverb. (= so)
b) *Tant* steht bei Verb, Nomen. (= sosehr, soviel)

- *C'est* ***tellement*** *compliqué!*
  Olivier espère ***tellement*** *revoir son amie.*

Si und *tant* können durch *tellement* ersetzt werden.
Si und *tant* gehören zur gehobenen Sprache.

test

Relevez les comparaisons et énoncez les règles.

1 Elle danse. Voyez-la, légère comme une flamme.
(Sartre: Les Mouches)

2 Si un autre que toi me posait une question pareille.
(Bernanos: Journal d'un curé de campagne)

3 Il secoua la tête, comme un chien qui souffre d'une oreille.
(Vercors: Le Silence de la Mer)

4 L'argent est si dur à gagner.
(Romains: Knock)

5 **Avec générosité.** Sachez accueillir aussi bien le joli petit cadeau d'une personne modeste que le superbe cadeau d'amis fortunés.

6 **Très vite.** On vous a envoyé un cadeau. On attend votre réponse. Mieux vaut trois lignes immédiatement que dix pages, même enthousiastes, deux mois après l'envoi.

générosité: Großzügigkeit – *modeste:* bescheiden – *fortuné:* „betucht", reich – *Mieux vaut:* besser sind – *immédiatement:* sofort – *l'envoi:* die Übersendung

23 Einschränkung

La restriction	die Einschränkung
*Olivier **n'**a dansé **qu'**avec Sandrine.*	Olivier hat nur mit Sandrine getanzt.

23.1
Einschränkung des Subjekts

● *Olivier **seul** danse très bien.*
***Seul** Olivier danse très bien.*
*Sandrine **seule** l'aime bien.*
***Seule** Sandrine l'aime bien.* (a)

*Lui **seul** danse très bien.* (b)

	Subjekt	***seul(e)***
Seul(e)	Subjekt	

Das Subjekt wird durch *seul* eingeschränkt. Die Endung von *seul* richtet sich nach dem Subjekt.

a) *Seul* kann vor oder hinter dem Nomen stehen.
b) *Seul* steht immer hinter dem Pronomen (das in der unverbundenen Form gebraucht werden muß → 12.6).

● ***Il n'y a qu'** Olivier **qui** sache bien danser.*

Il n'y a que	Subjekt	***qui*** Relativsatz

Das Subjekt kann auch durch *il n'y a que* und Relativsatz eingeschränkt werden. (Subjonctif → 35.9)

23.2
Einschränkung des Objekts, der adverbialen Bestimmung

● *Je **n'**achète **que** du pain.*
*J'achète **seulement** du pain.*

*Sandrine **ne** s'intéresse **qu'**aux chevaux.*
*Elle s'intéresse **seulement** aux chevaux.*

*Elle **ne** fait de la gymnastique **qu'**une fois par semaine.*
*Elle fait de la gymnastique **seulement** une fois par semaine.*

ne … que	Objekt/ adverbiale Bestimmung
seulement	

Das Objekt und die adverbiale Bestimmung werden durch *ne … que* oder *seulement* eingeschränkt.

● *Tu as été souvent au théâtre?*
*– Non, **seulement** une fois.* (a)

*J'ai **seulement** ∧ soif.* (b)

*Brigitte veut **seulement** qu'on s'occupe d'elle.* (c)

Nur *seulement* steht
a) in Sätzen ohne Verb.
b) wenn das Nomen ohne Artikel gebraucht wird.
c) wenn das Objekt ein *que*-Satz ist. (*que que* ist ausgeschlossen.)

23.3
Einschränkung des Verbs

- *Je répète **seulement** ce que j'ai entendu.*
  *Je **ne fais que** répéter ce que j'ai entendu.*

Verb	***seulement***
ne faire que	Infinitiv

Das Verb wird durch *seulement* oder *ne faire que* eingeschränkt.
(Das Verb, das durch *ne faire que* eingeschränkt wird, steht im Infinitiv.)

- *Que faire maintenant?*
  *On peut **seulement** attendre.*

Der Infinitiv wird nur durch *seulement* eingeschränkt.

test

Relevez les formes indiquant la restriction. Enoncez les règles.

1 Anne, je vous aime, je n'aime que vous.
(F. Sagan: Bonjour tristesse)

2 Dieu seul est juge, fit-il de sa voix calme. (Bernanos: Journal d'un curé de campagne)

3 Pas de bruit. Des mouches seules grésillaient. (Saint-Exupéry: Courrier Sud)

fit-il = *dit-il* – *calme:* ruhig – *grésillaient:* summten

Zahlen

24 Grundzahlen, Ordnungszahlen

Les numéraux	die Numerale, die Zahlwörter
un, deux, trois …	eins, zwei, drei …

Les numéraux ordinaux	die Ordinalzahlen, die Ordnungszahlen
premier, deuxième, troisième …	erstens, zweitens, drittens …

24.1
Übersicht über die Zahlen

0 zéro	*10 dix*	*20 vingt*
1 un	*11 onze*	*21 vingt et un*
2 deux	*12 douze*	*22 vingt-deux*
3 trois	*13 treize*	*23 vingt-trois …*
4 quatre	*14 quatorze*	*30 trente*
5 cinq	*15 quinze*	*31 trente et un*
6 six	*16 seize*	*32 trente-deux*
7 sept	*17 dix-sept*	*33 trente-trois …*
8 huit	*18 dix-huit*	*40 quarante*
9 neuf	*19 dix-neuf*	*50 cinquante*

60 soixante	*201 deux cent un*
70 soixante-dix	*210 deux cent dix*
71 soixante et onze	*300 trois cents*
72 soixante-douze	*400 quatre cents*
73 soixante-treize …	*500 cinq cents*
80 quatre-vingts	*1000 mille*[1]
81 quatre-vingt-un	*2000 deux mille*
82 quatre-vingt-deux …	*2010 deux mille dix*
90 quatre-vingt dix	*3000 trois mille*
99 quatre-vingt-dix-neuf	*10 000 dix mille*
100 cent[1]	*100 000 cent mille*
200 deux cents	*1 000 000 un million*[1]

[1] ⚠ F/E

^cent	a (one) hundred
^mille	a (one) thousand
un million	a (one) million

70 septante ⚠ Sonderform in Belgien und in der Schweiz
80 huitante ⚠ Sonderform in der Schweiz
90 nonante ⚠ Sonderform in Belgien und in der Schweiz

24.2
Besonderheiten der Aussprache

un, une	ɛ̃, yn
quatre	kat /katrᵊ
quatre pommes	kat pɔm
*quatre **ans***	katr‿ɑ̃
six	sis
six pommes	sɪ pɔm
*six **ans***	sizɑ̃
sept	sɛt
huit	ɥit
huit pommes	ɥɪpɔm
*huit **ans***	ɥɪt‿ɑ̃

neuf	nœf
neuf pommes	nœf pɔm
*neuf **ans***	nœv‿ɑ̃
*neuf **heures***	nœv‿œr
dix	dis
dix pommes	di pɔm
*dix **ans***	diz‿ɑ̃
million	miljõ

J'aime votre pays

J'ai dix-huit ans et je voudrais correspondre avec de jeunes Français de mon âge. J'aime votre pays, le sport, le tourisme, les livres. A bientôt, j'espère...
Martha [redacted],
Krupe [redacted] 22-303 Woj,
Chetm, Pologne

(Femme actuelle)

24.3
Zehner + *et* + *un / onze*

*vingt **et** un / une*
*trente **et** un*
*quarante **et** un*
*cinquante **et** un*
*soixante **et** un*
*soixante **et** onze* (a)
quatre-vingt-un
quatre-vingt-onze (b)

a) Von 20 bis 70 werden *un, une, onze* mit *et* angefügt.
b) Bei 80 und 90 steht das *et* nicht.

24.4
Bindestrich

dix-sept	*dix sept*
dix-huit	*dix huit*
dix-neuf	*dix neuf*
vingt-deux	*vingt deux*
vingt-trois	*vingt trois*
soixante-dix-sept	*soixante dix sept*
quatre-vingt-dix	*quatre vingts dix*

Zwischen Zehnern und Einern steht üblicherweise ein Bindestrich[1].

[1] Tolérances (1976), Nr. 19, 33

24.5
Plural-s bei Zahlen

zéro, deux zéros (a)
quatre-vingts
quatre-vingt-quatre /
quatre vingts quatre (b)
cent, deux cents
deux cent dix /
deux cents dix (c)
mille, deux mille‸ (d)
un million, deux millions
deux millions cent mille (e)

a) *zéro* hat im Plural ein *-s*.
b) *quatre-vingts* hat ein *-s*.
Wenn noch eine Zahl folgt, fällt das *-s* weg, wenn die Zahlen mit Bindestrich verbunden sind[1].
c) *cent* hat im Plural ein *-s*.
Wenn auf *cent* noch eine Zahl folgt, kann das *-s* wegfallen[1].
d) *mille* ist unveränderlich.
e) *million* hat im Plural ein *-s*.

⚠ F/E Im Gegensatz zum Englischen: *eight million*‸.

24.6
mil / mille (bei Jahreszahlen)

En 1990 =
En mil neuf cent quatre-vingt-dix.
En mille neuf cent quatre-vingt-dix.
En dix neuf cent quatre-vingt-dix.

Alle drei Fassungen sind richtig[1]. Die zweite ist die übliche.

[1] Tolérances (1976), Nr. 19

□ **TOURISME**
Paris, première ville mondiale de congrès

24.7
Ordnungszahlen

● 1er *le premier,*
1re *la première*
2e *le / la deuxième,*
le second / la seconde
3e *le / la troisième*
4e *le / la quatrième*

Nur von *premier* und *second* gibt es eine weibliche Form.

● *le* 1er *mai (le premier mai)*
le 2 mai (le ***deux*** *mai)*
le 3 mai (le ***trois*** *mai) ...*
Napoléon I (Napoléon premier)
Napoléon III (Napoléon ***trois****)*

Im Französischen wird bei Datumsangaben und bei Herrschernamen die Ordnungszahl nur bei 1. gebraucht.

24.8
Zeilenzahlen, Seitenzahlen, Kapitelzahlen

le troisième chapitre /
le chapitre troisième
Chapitre trois, ligne trois.
page dix

Richtig ist der Gebrauch der Ordnungszahlen.
Am gebräuchlichsten sind jedoch die Grundzahlen.

test

Enoncez les règles de l'emploi des numéraux cardinaux et ordinaux.

8 Mai : l'hommage aux vétérans

Pour le 42e anniversaire de la victoire des Alliés, le 8 mai 1945, le président de la République et le premier ministre ont assisté, côte à côte, aux cérémonies traditionnelles à l'Arc de triomphe, en présence de nombreux vétérans de la Seconde Guerre mondiale. François Mitterrand a remis les insignes de la Légion d'honneur à huit anciens combattants. (Page 4.)

hommage: Ehrerbietung – *anniversaire:* Jahrestag – *François Mitterand:* (französischer Staatspräsident) – *les insignes:* Rangabzeichen – *combattants:* Kämpfer

Verb

Finite / infinitive Verbformen

Finite Verbformen[1]:	Infinite Verbformen:
Alle Verbformen, die sich auf eine der 3 Personen im Singular und Plural beziehen: *j'attends* ***tu** es arrivé* ***il** viendra …*	Infinitiv, Partizip Präsens, Partizip Perfekt, *gérondif:* *attendre* *attendant, attendu,* *en attendant*

[1] Statt „finite" Verbform sagt man auch „konjugierte" Verbform oder „Personalform" des Verbs.

25 *Accord du verbe*

L'accord du verbe	die grammatische Kongruenz, die Angleichung des Verbs an das Subjekt

25.1
Grundregel

***M. Dubois fait** un voyage.*

***Les Dubois font** un voyage.*

Je fais un voyage.

Vous faites un voyage.

Subjekt:		Prädikat:
Singular	—	Singular
Plural	—	Plural
Person	—	Person

Das Verb richtet sich im Französischen nach seinem Subjekt (wie im Deutschen).

25.2
Sammelbegriffe

- *Une **foule** de manifestants*
  ***est** dans la rue.* /
  ***sont** dans la rue.*

  *C'est **une des fables***
  *qui **plaît** aux enfants.* /
  *qui **plaisent** aux enfants.*

Wenn der Sammelbegriff im Singular steht, kann das Verb im Singular oder im Plural stehen[1].

[1] Beachte die Tolérances (1976), Nr, 1, 2, 3, 4, 5, 24b, 25b

- ***La plupart** des élèves **ont** compris.*
  ***La plupart sont** là.*
  *Une **dizaine** de personnes **sont** venues.*

Nach *la plupart* steht das Verb immer im Plural, ebenso nach *une dizaine, une douzaine.*

25.3
Il (= es) + Verb

- *Il **manque** les Dubois.*
  *Il **faut** encore trois bouteilles de vin.*
  *Il **se trouve** des gens qui disent le contraire.*
  *Dans cette serviette, il y **a** plusieurs livres.*

il	Verb (im Singular)	logisches Subjekt (im Plural)

Wenn *il* (= es) „grammatisches" Subjekt ist, steht das Verb im Singular, auch wenn das „logische" Subjekt im Plural steht.

- ***Il y a** du monde dans la rue.*

***Il** n'y **a** plus de confiture.*

***Il** ne **faut** pas être en retard.*

Beim Sprechen lassen Franzosen häufig das *il* bei *il y a* und *il faut* weg.

25.4
Ce + être

__Ce__ sont mes amis. __Ce__ sont eux.
__C'est__ mes amis. __C'est__ eux.
__C'est__ mon frère et ma sœur.

Ce (= es) steht immer im Singular.

25.5
Verb des Relativsatzes

⚠ F/D *C'est **lui** qui **est** le chef? Non!*
*C'est **moi** qui **suis** le chef.*
*C'est **toi** qui **t'appelles** Jean-Paul?*
*C'est **toi** qui **as** dit cela?*
*C'est **nous** qui te le **demandons**.*

Personalpronomen (Beziehungswort)	*qui*	Verb

Wenn das Beziehungswort des Relativsatzes ein Personalpronomen ist, richtet sich das Verb des Relativsatzes nach ihm.

26 Präsens

Le présent — das Präsens, die Gegenwart

26.1
Regelmäßige Präsens-Formen

Verben auf *-er:* *(parl**er**)*	Verben auf *-re:* *(répond**re**)*	Verben auf *-ir:* *(fin**ir**)*
*je parl**e*** tu parl**es** il parl**e***	*je répond**s** tu répond**s** il répond*	*je fin**is** tu fin**is** il fin**it***
*nous parl**ons** vous parl**ez** ils parl**ent***	*nous répond**ons** vous répond**ez** ils répond**ent***	*nous fin**issons** vous fin**issez** ils fin**issent***
Stamm[1] des Infinitivs: ***parl**er* — ***-e, -es, -e, -ons, -ez, -ent*** [-ə]	Stamm[1] des Infinitivs: ***répond**re* — ***-s, -s, -t*, -ons, -ez, -ent*** [-ə]	Stamm[1] des Infinitivs: ***fin**ir* — ***-iss**** — ***-is, -is, -it, -ons, -ez, -ent***
* Frageform: *supposé-je* *pensé-je*	* Wenn der Stamm bereits auf *-t* oder *-d* endet, wird auf die Endung *-t* verzichtet.	* *-iss-* heißt: Stammerweiterung[2].

⚠ F/E Beachte die Endung -s im Präsens Singular im Französischen und im Englischen:

je parle	*I speak*	*je réponds*	*I answer*
tu parles	*you speak*	*tu réponds*	*you answer*
il parle	*he speak**s*** [-s]	*il répond*	*he answer**s*** [-z]

(Unregelmäßige Präsensformen → 40.5, 41)

---

[1] „Stamm" heißt auf französisch: *le radical*
[2] Auf französisch: *syllabe intercalaire.*

26.2
Gebrauch des Präsens

Sandrine ***se marie*** *dans deux jours.*
Je ***reprends*** *mon travail demain.* (a)

Elle ***va*** *à cette école depuis trois ans.* (b)

Tu ***viens****? On* ***sort****!* (c)

Comment ***s'écrit*** *le mot «pays»?*
En hiver, il ***fait*** *froid.* (d)

Der Gebrauch des französischen *présent* entspricht weitgehend dem deutschen Präsens.
Auch das *présent* wird gebraucht
a) mit futurischem Sinn,
b) mit Blick auf die Vergangenheit,
c) zum Ausdruck eines Wunsches,
d) zum Ausdruck zeitloser Zustände.

26.3
Gebrauch der Zeiten bei Inhaltsangaben und Textaufgaben

- *Dans ce texte, il* ***s'agit*** *des travailleurs immigrés en France...*
  Le texte ***se compose*** *de trois parties...*
  L'auteur ***explique*** *pourquoi il* ***faut*** *aider les étrangers, qui* ***ont*** *beaucoup de difficultés.*

Meist wird bei Inhaltsangaben, Textanalysen, Stellungnahmen das Präsens verwendet.

- *L'auteur nous raconte la vie d'un Arabe qui* ***est allé*** *en France et qui* ***a cherché*** *du travail...*

Die Vorzeitigkeit wird durch das Perfekt ausgedrückt.

27 *Futur composé, passé récent*

Le futur composé, ***le futur proche, le futur immédiat*** ***le futur périphrastique avec «aller»***	die „nahe Zukunft", die „unmittelbare Zukunft", die „zusammengesetzte Zukunft"
Je vais téléphoner.	Ich werde gleich telefonieren.

Le passé récent	die „unmittelbare Vergangenheit"
La lettre vient d'arriver.	Der Brief ist soeben angekommen.

27.1
Formen des *futur composé* und des *passé récent:*

Futur composé:	*Passé récent:*
*je **vais** téléphoner*	*je **viens d'**arrriver*
*tu **vas** téléphoner*	*tu **viens d'**arriver*
*il **va** téléphoner*	*il **vient d'**arriver*
*nous **allons** téléphoner*	*nous **venons d'**arriver*
*vous **allez** téléphoner*	*vous **venez d'**arriver*
*ils **vont** téléphoner*	*ils **viennent d'**arriver*
Präsens von ***aller*** + Infinitiv	Präsens von ***venir de*** + Infinitiv

Es gibt auch Vergangenheitsformen zu diesem *futur composé* und *passé récent:*
j'allais partir, tu allais partir ... *Olivier venait d'être malade.*

27.2
Gebrauch des *futur composé*[1]

● *Je **vais aller** chez Sandrine.*
*Je **vais** lui **apporter** des disques.*
*Tu ne **vas** pas **partir** comme ça.*

Das *futur composé* drückt aus, daß ein Vorgang bald geschehen wird.

● *Pendant les vacances, je **vais aller** en Normandie.*

Das *futur composé* kann auch ausdrükken, daß etwas mit Sicherheit geschehen wird.

[1] Vergleiche Englisch: *to be going to.*

27.3
Gebrauch des *passé récent*

La lettre ***vient d'arriver;*** *je n'ai pas encore pu la lire.*
Je ***viens de parler*** *à Mme Dubois.*

Das *passé récent* drückt aus, daß ein Vorgang soeben stattgefunden hat.

test

Justifiez l'emploi du futur composé et du passé récent et énoncez les règles.

1 

Le Suédois, Patrick Sjoeberg laisse éclater sa joie. Il vient de franchir 2,38 m en hauteur. C'était dimanche dernier, à Eberstadt.

4 **IL a déjà beaucoup plu, ces dernières semaines, et les rivières débordent ou ne vont pas tarder à le faire. La semaine à venir va encore sérieusement aggraver la situation.**

2 Mais écoutez ceci que je viens d'apprendre et que vous ne savez peut-être pas.
(Sartre: Les Mouches)

3 Peu après, le patron m'a fait appeler et, sur le moment, j'ai été ennuyé parce que j'ai pensé qu'il allait me dire de moins téléphoner et de mieux travailler.
(Camus: L'Etranger)

le Suédois: der Schwede – *éclater:* ausbrechen – *franchir:* überspringen

28 *Imparfait* und *Passé simple*

L'imparfait	das Imperfekt, das Präteritum, die Vergangenheit
Le passé simple, le passé défini	die „historische Vergangenheit"

28.1
Die regelmäßigen Formen des *imparfait* und des *passé simple*

● *Imparfait:*

*je finiss**ais*** [-ɛ]
*tu finiss**ais*** [-ɛ]
*il finiss**ait*** [-ɛ]

*nous finiss**ions***
*vous finiss**iez***
*ils finiss**aient*** [-ɛ]

Stamm der 1. Person Plural Präsens: *nous **finiss**ons*	***-ais*** ***-ais*** ***-ait*** ***-ions*** ***-iez*** ***-aient***

● *Passé simple:* Verben auf *-er:*

*je parl**ai*** [-ɛ]
*tu parl**as***
*il parl**a***

*nous parl**âmes***
*vous parl**âtes***
*ils parl**èrent***

Stamm des Infinitivs: ***parl**er*	***-ai*** ***-as*** ***-a*** ***-âmes*** ***-âtes*** ***-èrent***

Verben auf *-re* und *-ir:*

*je répond**is*** [-i]
*tu répond**is*** [-i]
*il répond**it*** [-i]

*nous répond**îmes***
*vous répond**îtes***
*ils répond**irent***

Stamm des Infinitivs: ***répond**re* ***fin**ir*	***-is*** ***-is*** ***-it*** ***-îmes*** ***-îtes*** ***-irent***

Unregelmäßige *passé-simple*-Formen → 42

28.2
Gebrauch von *imparfait* und *passé simple*

Die beiden französischen Zeiten, *imparfait* und *passé simple,* entsprechen dem deutschen Imperfekt (Präteritum):

● *(Le petit prince regarde la fleur:)*
Le petit prince, alors, ne ***put*** *contenir son admiration:*
– Que vous êtes belle!
– N'est-ce pas, ***répondit*** *doucement la fleur. Et je suis née en même temps que le soleil...*
Le petit prince ***devina***[1] *bien qu'elle n'****était*** *pas trop modeste, mais elle* ***était*** *si émouvante*[2]*.*

(Saint-Exupéry: Le petit Prince)

■ Une jeune femme de 24 ans a eu une grosse frayeur, mercredi soir, à la sortie de Marsilly où elle réside. Vers 22 heures, Véronique [redacted] a perdu le contrôle de sa voiture. Le véhicule traversa le terre-plein central, puis l'autre voie de circulation où aucune voiture, heureusement, ne s'est présentée. Sa Volkswagen a fini sa course deux mètres en contrebas de la route. La jeune femme a été transportée à l'hôpital de La Rochelle. Elle souffrait de multiples fractures.

(Sud-Ouest)

[1] ahnte [2] rührend
frayeur: Schrecken – *le terre-plein central:* Mittelstreifen – *voie:* Spur – *en contrebas:* unterhalb – *multiples:* mehrere – *fractures:* Brüche

Im *passé simple* werden Geschehnisse erzählt, die
– kurz sind[1],
– aufeinanderfolgen,
– neu einsetzen, wenn sie berichtet werden.

(Frage: „Was geschah nun...?")

Im *imparfait* werden Vorgänge und Zustände angegeben, die
– lange andauern[2],
– gleichzeitig mit anderen stattfinden,
– schon andauern, wenn sie berichtet werden.

(Frage: „Was war...?")

Das *passé simple* wird heute nur noch in der Literatur und selten in berichtenden Zeitungsartikeln verwendet[3].
Außerhalb der Literatur wird das *passé simple* durch das *passé composé* ersetzt. (→ 31.2)

● *Mon père* ***se levait*** *chaque jour à 6 heures. Il* ***prenait*** *le métro pour aller au bureau.*

Kurze Geschehnisse der Vergangenheit, die sich wiederholen, stehen ebenfalls im *imparfait.*

(Gebrauch des *imparfait* im *si*-Satz → 45.6)

[1] Kürzer als Zustände im selben Text, die im *imparfait* stehen.
[2] Deutlich länger als die kurzen Ereignisse im selben Text, die im *passé simple* erzählt werden.
[3] Im Gespräch kann man das *passé simple* gelegentlich noch in der Normandie und im Süden Frankreichs hören.

Justifiez l'emploi de l'imparfait et du passé simple et énoncez les règles.

1 **Les champignons d'Alexandre Dumas.**

Alexandre Dumas, faisant un voyage en Allemagne, était fort embarrassé, car il ne savait pas un mot d'allemand.

Il arriva un jour dans un petit village de la Forêt-Noire; il entra dans une auberge et voulut se faire servir à dîner.

Il avait envie de manger des champignons; la seule difficulté était de faire comprendre à l'aubergiste ce qu'il désirait. L'idée lui vint de dessiner un champignon sur une feuille de papier qu'il montra à l'hôte.

Celui-ci était un homme fort empressé – il fit immédiatement signe qu'il avait compris et disparut.

Alexandre Dumas se réjouissait déjà à l'idée de manger des champignons, lorsque, à son grand étonnement, il vit l'aubergiste qui revenait, triomphant, un parapluie à la main.

2 **MULHOUSE : TROUBLANTE PRISE D'OTAGES**

POUR contraindre un gérant de supermarché de Mulhouse de leur remettre la caisse de son magasin, trois mystérieux malfaiteurs ont pris comme otages sa femme, enceinte, et sa petite fille.

M. F[redacted] se trouvait à son travail samedi matin lorsqu'il reçut les exigences des gangsters, accompagnées d'une photo instantanée de son épouse et de sa fille, ligotées, le canon des armes braqué sur elles.

3 *« J'étais un enfant timide. Heureusement, j'avais des parents merveilleux. Ils me disaient : ose. »*

champignons: Pilze – *Alexandre Dumas* (französischer Schriftsteller) – *embarrassé:* verlegen – *la Forêt-Noire:* der Schwarzwald – *empressé:* dienstbeflissen – *se réjouir:* sich freuen – *prise d'otages:* Geiselnahme – *contraindre:* zwingen – *un gérant:* ein Geschäftsführer – *enceinte:* schwanger – *les exigences:* die Forderungen – *une photo instantanée:* ein Sofortbild – *ligotées:* gefesselt – *le canon:* das Rohr – *braqué:* gerichtet – *timide:* schüchtern – *ose:* wage es

29 Bildung der zusammengesetzten Zeiten mit den Hilfsverben *avoir* oder *être*

L'auxiliaire das Hilfsverb, das Hilfszeitwort

Les temps composés die zusammengesetzten Zeiten

Die mit *avoir* oder *être* zusammengesetzten Zeiten sind:
Perfekt (→ 31), Plusquamperfekt (→ 32), *Passé antérieur* (→ 32), Konditional II (→ 34.4).

29.1
avoir

*Elle **a** parlé. J'**ai** écouté.*
*J'**ai** posé une question.*
*Elle **a** répondu.*
*Il **a** été ...* (Er **ist** gewesen ...)

Die meisten Verben bilden die zusammengesetzten Zeiten mit *avoir*.

⚠ Dazu gehört auch *être*.
F/D

29.2
être bei 14 intransitiven Verben[1]

- *je **suis** allé ...* (***aller***)
  *tu **es** arrivé ...* (***arriver***)
  *il **est** demeuré ...* (***demeurer***)
  *elle **est** descendue ...* (***descendre***)
  *nous **sommes** entrés ...* (***entrer***)
  *vous **êtes** montés ...* (***monter***)
  *ils **sont** morts ...* (***mourir***)
  *elles **sont** nées ...* (***naître***)
  *j'**étais** parti ...* (***partir***)
  *tu **étais** resté ...* (***rester***)
  *il **était** retourné ...* (***retourner***)
  *elle **était** sortie ...* (***sortir***)
  *nous **étions** tombés ...* (***tomber***)
  *vous **étiez** venus ...* (***venir***)

Die 14 aufgezählten Verben bilden die zusammengesetzten Zeiten mit *être*.

- *je **suis** revenu* (***re**venir*)
  *tu **es** rentré* (***r**entrer*)
  *il **est** devenu* (***de**venir*) (a)
  elle a convenu (***con**venir*)
  nous avons prévenu (***pré**venir*)
  vous avez subvenu (***sub**venir*) (b)

a) Auch die von diesen 14 Verben abgeleiteten Verben bilden die zusammengesetzten Zeiten mit *être*.
b) Ausnahmen: *convenir, prévenir, subvenir*.

[1] Diese 14 Verben werden auch „Verben der Bewegungsrichtung" genannt.
Intransitive Verben können kein direktes Objekt bei sich haben.

- *Il est monté.*
  *Il **a** monté **sa valise** au grenier.*

  Elle est descendue.
  *Elle **a** descendu **ses vieilles robes.***

  Elle est sortie.
  *Elle **a** sorti **la voiture** du garage.*

  Elle est rentrée.
  *Elle **a** rentré **la voiture** au garage.*

Wenn die Verben *monter, descendre, sortir, rentrer* ein direktes Objekt bei sich haben, bilden sie die zusammengesetzten Zeiten mit *avoir*.

29.3
être bei allen reflexiven Verben

- *se lever:*
  *Ils **se sont** levés tôt.*

  se promener:
  *Ils **se sont** promenés.*

  se coucher:
  *Ils **se sont** couchés tard.*

Alle reflexiven Verben (→ 14) bilden die zusammengesetzten Zeiten mit *être*.

⚠ *Elle s'**est** souvenue.*
F/D Sie **hat** sich erinnert.
*Je me **suis** dépêché.*
Ich **habe** mich beeilt.

Im Deutschen werden alle reflexiven Verben mit „haben" gebildet.

29.4
être beim Passiv

*Un enfant **est renversé** par une voiture.*
*L'automobiliste **est arrêté** par la police.*
*L'enfant **est transporté** à l'hôpital.*

Das Passiv wird mit *être* gebildet, entsprechend dem Deutschen (werden) und dem Englischen *(to be)*.

29.5
avoir / être

- *accourir:*
  *ils **ont** accouru /*
  *ils **sont** accourus*

  apparaître:
  *ils **ont** apparu /*
  *ils **sont** apparus*

Mit *avoir* oder *être* können gebildet werden: *accourir, apparaître, paraître*[1].

- *demeurer* (= bleiben):
  *Ils **sont** demeurés infirmes.*

  demeurer (= wohnen):
  *Elle **a** demeuré à Paris un an.*

demeurer, im Sinne von „bleiben", wird mit *être* gebildet.
demeurer, im Sinne von „wohnen", wird mit *avoir* gebildet.

- *passer:*
  *Je **suis passé** au supermarché.*
  *Le café **est passé.*** (a)

  *J'**ai passé mes vacances** à Biarritz.* (b)

  *Les années **ont passé.***
  *Il **a passé** pour un spécialiste.* (c)

a) *passer,* ohne direktes Objekt, wird mit *être* gebildet.
b) *passer,* mit direktem Objekt, wird mit *avoir* gebildet
c) *passer* wird ebenfalls mit *avoir* gebildet, wenn es die Bedeutungen hat: „vergehen, gelten als".

---

[1] *disparaître* mit *être* ist veraltet oder literarisch. *être disparu* bedeutet *être mort.*

⚠ F/D **Französisches Verb mit *avoir* – entsprechendes deutsches Verb mit *sein*:**

avancer:	*il **a** avancé*	er **ist** vorangekommen
courir:	*il **a** couru*	er **ist** gelaufen
décoller:	*il **a** décollé*	er **ist** gestartet
disparaître:	*il **a** disparu*	er **ist** verschwunden
fuir:	*il **a** fui*	er **ist** geflüchtet
grandir:	*il **a** grandi*	er **ist** größer geworden
grimper:	*il **a** grimpé*	er **ist** geklettert
grossir:	*il **a** grossi*	er **ist** dicker geworden
maigrir:	*il **a** maigri*	er **ist** magerer geworden
marcher:	*il **a** marché*	er **ist** marschiert
nager:	*il **a** nagé*	er **ist** geschwommen
pâlir:	*il **a** pâli*	er **ist** blaß geworden
reculer:	*il **a** reculé*	er **ist** rückwärts gefahren
rougir:	*il **a** rougi*	er **ist** rot geworden
rouler:	*il **a** roulé*	er **ist** gerollt
sauter:	*il **a** sauté*	er **ist** gesprungen
suivre:	*il **a** suivi*	er **ist** gefolgt
surgir:	*il **a** surgi*	er **ist** aufgetaucht
vieillir:	*il **a** vieilli*	er **ist** alt geworden
voler:	*il **a** volé*	er **ist** geflogen
voyager:	*il **a** voyagé*	er **ist** gereist
...		

Le jeune Claude Lemaire, âgé de 17 ans, a disparu du domicile de ses parents à Hellemmes, dans la banlieue lilloise. Lors de sa disparition il circulait sur un cyclomoteur Peugeot 103, bleu et jaune et portait un casque de mêmes couleurs.

(Voix du Nord)

30 Partizip Perfekt

Le participe passé	das Partizip Perfekt, das Mittelwort der Vergangenheit
écouté, vu, ouvert . . .	gehört, gesehen, geöffnet . . .

30.1
Regelmäßige Endungen des Partizips Perfekt

*écout**er*** – *écouté*
*parl**er*** – *parlé* (a)

*attend**re*** – *attend**u***
*répond**re*** – *répond**u*** (b)

*fin**ir*** – *fin**i***
*sort**ir*** – *sort**i*** (c)

Die regelmäßigen Endungen des Partizips Perfekt sind:
a) Verben auf *-er: -é*
b) Verben auf *-re: -u*
c) Verben auf *-ir: -i*
(Unregelmäßige Formen → 41.2, 42)

30.2
Gebrauch des Partizips Perfekt

● *La fenêtre ouverte.*
Les années passées.

Das Partizip Perfekt wird als Adjektiv gebraucht.

● *il a parlé*
il avait parlé
il eut parlé
il aurait parlé
il est interrogé

Das Partizip Perfekt dient zur Bildung folgender zusammengesetzter Zeiten: Perfekt (→ 31.1), Plusquamperfekt, *Passé antérieur* (→ 32.1), Konditional II (→ 34.4) und zur Bildung des Passivs (→ 36.1).

30.3
Veränderlichkeit des Partizips Perfekt ohne Hilfsverb

la porte fermée
les fenêtres ouvertes

Das Partizip Perfekt ohne Hilfsverb verändert sich wie ein Adjektiv. (→ 20.1)

le col: der Paß – *propriété privée:* Privatbesitz — *rue barrée:* Straße gesperrt

30.4
Veränderlichkeit des Partizips Perfekt mit *être*

- ***La porte** est fermée.*

  ***Les fenêtres** sont ouvertes.*

  ***Sandrine** est venue.*

  ***Ils** sont entrés.*

  ***Elles** sont entrées.*

Subjekt | *ÊTRE* | Partizip Perfekt | Endung

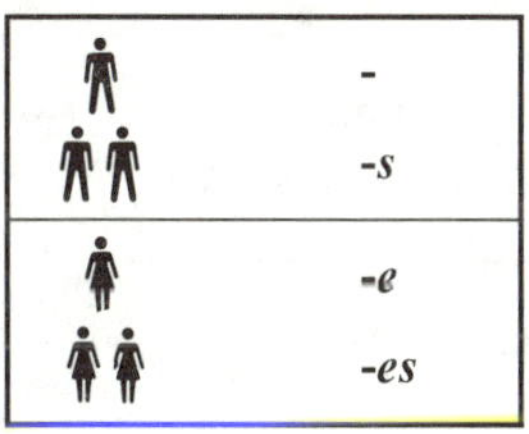

Das mit *être* verbundene Partizip Perfekt richtet sich in Geschlecht und Zahl nach dem Subjekt. (Wie ein Adjektiv → 20.1)

(Besonderheiten bei den reflexiven Verben → 30.8, 30.9)

- *Je suis venu, dit **Olivier**...*

  *Je suis venue, dit **Sandrine**...*

  *Tu es venu, **Olivier**...?*

  *Tu es venue, **Sandrine**...?*

  *Vous êtes venue, **madame**...?*

  *Vous êtes venus, **messieurs**...?*

  *Vous êtes venues, **mesdames**...?*

Bei *je, tu, nous, vous* muß man aus dem Sinn des Satzes erkennen, wer mit dem Subjekt gemeint ist, und das Partizip Perfekt entsprechend verändern.

- *Après une dispute avec Jean-Paul, Sandrine dit:*

  ***On** est resté bons amis. /*

  ***On** est restés bons amis.*

  (= Nous sommes restés bons amis.)

Wenn das Subjekt *on* ist und anstelle von *nous* gebraucht wird, kann das Partizip Perfekt verändert werden, oder es bleibt unverändert.[1] (→ 12.4)

30.5
Veränderlichkeit des Partizips Perfekt mit *avoir*

Tu as écrit la lettre?

*Oui, je **l'**ai écrite.*

Tu as joint les photos à ta lettre?

*Oui, je **les** ai jointes.*

Papa a lu ta lettre?

*Oui, il **l'**a lue.*

direktes Objekt | *AVOIR* | Partizip Perfekt | Endung

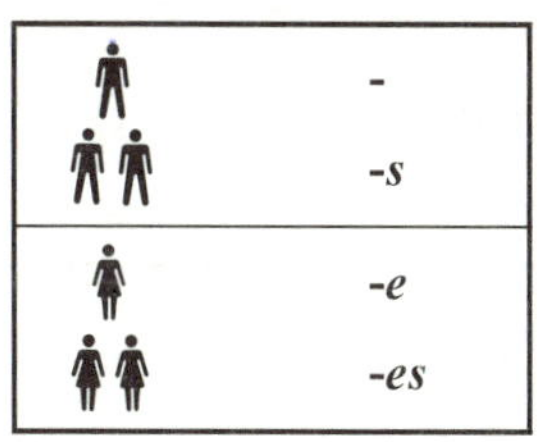

Das mit *avoir* verbundene Partizip Perfekt richtet sich in Geschlecht und Zahl nach dem vorangehenden direkten Objekt.

---

[1] Tolérances (1976), Nr. 9

Vorangehende direkte Objekte

	Vorangehende direkte Objekte können sein:
Les photos? Je ***les*** *ai vues.*	**Objektpronomen:** (→ 13.2) ***me, te, la, nous, vous, les***
Les photos ***que*** *j'ai vues . . .*	**Relativpronomen:** (→ 17.1) ***que***
Quelles ***photos*** *as-tu vues?* *Combien de* ***photos*** *as-tu vues?*	**Nomen** (in der Frage)
Lesquelles *as-tu vues?*	**Fragepronomen:** (→ 3.5) ***laquelle, lesquels, lesquelles***

30.6
Unveränderlichkeit des Partizips Perfekt mit *avoir*

- *Sandrine dit:*

  *Nathalie m'a écrit. (écrire **à** qn)*

  *Elle **m'a** invitée. (inviter qn)*

me, te, nous, vous können auch indirekte Objekte sein (→ 13.2). Dann wird das Partizip Perfekt nicht verändert.

- ***il** y a:*

  les mesures qu'il y a eu lieu de prendre

  ***il** faut:*

  les problèmes qu'il a fallu résoudre

  ***il** fait:*

  les chaleurs[1] qu'il a fait en août[2]...

Das Partizip Perfekt der unpersönlichen Verben[3] bleibt unverändert.

30.7
Ergänzungen zu den Regeln 30.5 und 30.6

Verstöße gegen die Regeln dieses Abschnittes sind nicht mehr als Fehler anzustreichen.

- *La lettre que j'ai voulu ∧ écrire...*

  ...j'ai voulu l'écrire.

  Les résultats qu'il a pu ∧ obtenir...

  ...il a pu les obtenir.

[1] Hitzewelle [2] August
[3] Ein „unpersönliches" Verb kann nur mit *il* = „es" gebildet werden.

Das Partizip Perfekt bleibt unverändert, wenn ihm ein Infinitiv folgt und wenn sich das direkte Objekt auf den Infinitiv bezieht[1].

- *Olivier a eu des difficultés.*

  Moi, j'en ai eu aussi. /

  *Moi, j'**en** ai eues aussi.*

Wenn *en* als direktes Objekt vorausgeht, kann das Partizip Perfekt verändert werden[2].

- ***Les cent francs***

  que le livre a coûté. (a)

  Les dix kilos

  que la valise a pesé. (b)

  Les deux kilomètres

  que j'ai marché. (c)

  Les 45 minutes

  que le film a duré. (d)

Das Partizip Perfekt bleibt unverändert, wenn sich das *que* auf eine adverbiale Bestimmung bezieht:

a) Preis,
b) Gewicht,
c) Entfernung,
d) Dauer.[3]

[1] Tolérances (1976), Nr. 10
[2] Tolérances (1976), Nr. 11
[3] Tolérances (1976), Nr. 12

30.8
Veränderlichkeit des Partizips Perfekt der reflexiven Verben

*Nous **nous** sommes promenés.*
*Sandrine **s'est** amusée.*
*Les autres **se** sont ennuyés.* (a)

Olivier a mangé la banane
***qu'il s'est** achetée.*
Son frère a joué avec les flèches[1]
***qu'il s'est** faites.* (b)

	Reflexiv-pron.	ÊTRE	Part. Perf.	Endung
direktes Objekt	Reflexiv-pron.	ÊTRE	Part. Perf.	Endung

a) Das Partizip Perfekt der reflexiven Verben richtet sich nach dem Reflexivpronomen, wenn es direktes Objekt ist. (→ 30.9)
b) Wenn jedoch ein anderes direktes Objekt vorausgeht, richtet es sich nach diesem.

30.9
Unveränderlichkeit des Partizips Perfekt der reflexiven Verben

*Je me suis lavé **les mains.***
(Ich habe **mir** die Hände gewaschen.) (a)

[1] Pfeile

Sandrine et Brigitte se sont parlé.
*(parler **à** qn)*
Sandrine et Nathalie se sont écrit.
*(écrire **à** qn)* (b)

Das Partizip Perfekt der reflexiven Verben bleibt unverändert, wenn das Reflexivpronomen indirektes Objekt ist.
Das ist der Fall
a) wenn ein anderes direktes Objekt im Satz steht (wie im Deutschen),
b) wenn an das Verb ein Objekt mit *à* angeschlossen wird.

30.10
Veränderlichkeit des Partizips Perfekt beim Sprechen

(Giscard d'Estaing)

Beim Sprechen wird die Veränderlichkeit des Partizips Perfekt vernachlässigt[1].

[1] «La langue parlée se dispense souvent de faire entendre cet accord.» (Grammaire Larousse, page 386)
«...l'accord du participe ... ne s'entend pratiquement plus dans la langue parlée, même celle des personnes cultivées.» (A. Sauvageot: Français écrit, français parlé. Paris 1962, page 87)

test

Analysez l'accord des participes passés et énoncez les règles.

1

Créées par le couturier Léo Chevalier les robes des hôtesses d'Air Canada.

2 ■ – Dis maman, demande la petite fille, quand je suis née, ça s'est passé comment ?
– Très bien, ma petite chérie, adorablement bien. Nous t'attendions pour le 19 octobre et tu es arrivée quasiment à la date prévue, le 21 octobre.
– Oh ! s'émerveille la gamine. Juste le jour de mon anniversaire...

3 **Gaelle, 3 ans, se noie dans une retenue d'eau**

Une petite fille de trois ans, Gaelle D[redacted] s'est noyée samedi après être tombée accidentellement dans une retenue d'eau à Bazincourt-sur-Saulx (Meuse). Les parents de l'enfant étaient venus visiter leur future maison.

4 (Une jeune fille pense à un jeune homme)
Maintenant je me demandais: Que suis-je pour lui? Avait-il trouvé ma lettre ...? M'avait-il simplement oubliée? (S. de Beauvoir: Mémoires d'une jeune fille rangée)

5 Le policier: Vous avez donc connu les Mallot?
Choubert: Non, je ne les ai pas connus. (Ionesco: Victimes du devoir)

6 Avez-vous vu des enfants mourir de faim? Moi, oui (...). Mais Yanek ne les a pas vus. (Camus: Les Justes)

7 Nous n'avons rien fait, ça n'est pas notre faute, elle est venue, elle nous a séduits par ses paroles... (Sartre: Les Mouches)

des hôtesses: der Stewardessen – *adorablement:* wunderbar – *s'émerveille:* verwundert sich – *se noie:* ertrinkt – *une retenue d'eau:* ein Staubecken – *elle nous a séduits:* sie hat uns verführt

31 Perfekt

Le passé composé, le passé indéfini	das Perfekt, die vollendete Gegenwart
Elle a parlé, j'ai écouté.	Sie hat gesprochen, ich habe zugehört.

31.1
Die Formen des Perfekts

j'ai parlé	*je suis parti*
tu as parlé	*tu es parti*
il a parlé	*il est parti*
nous avons parlé	*nous sommes partis*
vous avez parlé	*vous êtes partis*
ils ont parlé	*ils sont partis*

Hilfsverb ***avoir/être*** im Präsens	Partizip Perfekt

Perfekt

Das Perfekt wird gebildet aus dem Hilfsverb *avoir/être* im Präsens und dem Partizip Perfekt.

(Gebrauch der Hilfsverben *avoir/être* → 29)

● **Sauvé d'un requin par des dauphins**

Un groupe de dauphins a donné la chasse à un requin qui s'attaquait à un jeune surfer au large des côtes orientales d'Australie, éloignant le squale et sauvant la vie de l'adolescent.

requin: Hai – *le dauphin:* der Delphin — *le squale:* der Hai

31.2
Gebrauch des Perfekts

● *Tout à l'heure, j'**ai rencontré** Olivier. Il m'**a dit** que son grand frère avait passé son permis de conduire.*

Das Perfekt wird (wie im Deutschen) verwendet, um Ereignisse zu berichten, die jetzt – in der Gegenwart – beendet sind, die aber für die Gegenwart noch von Interesse sind.

● Trois malfaiteurs ont dérobé des bijoux estimés à 500 000 F chez une femme de quarante-cinq ans, dans le XVI° arrondissement. Les hommes se sont présentés au domicile de leur victime, rue Gros, avec un bouquet de fleurs. Rassurée, la dame leur a ouvert la porte de son appartement.

Das Perfekt wird beim Erzählen und Berichten (zusammen mit dem *imparfait*) verwendet. (→ 28.2)

malfaiteur: Verbrecher – *dérober:* stehlen – *estimés à:* geschätzt auf – *domicile:* Wohnung – *rassurée:* voller Vertrauen

32 Plusquamperfekt, *passé antérieur*

Le plus-que-parfait	das Plusquamperfekt, die Vorvergangenheit
Il n'avait rien dit.	Er hatte nichts gesagt.

Le passé antérieur	(kein entsprechender Begriff vorhanden)
J'eus téléphoné.	Ich hatte telefoniert.

32.1
Formen des Plusquamperfekts und des *passé antérieur*

Plusquamperfekt:

j'avais vu	*j'étais venu*
tu avais vu	*tu étais venu*
il avait vu	*il était venu*
nous avions vu	*nous étions venus*
vous aviez vu	*vous étiez venus*
ils avaient vu	*ils étaient venus*
Hilfsverb ***avoir/être*** im Imperfekt	Partizip Perfekt

Passé antérieur:

j'eus entendu	*je fus entré*
tu eus entendu	*tu fus entré*
il eut entendu	*il fut entré*
nous eûmes entendu	*nous fûmes entrés*
vous eûtes entendu	*vous fûtes entrés*
ils eurent entendu	*ils furent entrés*
Hilfsverb ***avoir/être*** im Passé simple	Partizip Perfekt

(Gebrauch der Hilfsverben *avoir / être* → 29)

32.2
Gebrauch von Plusquamperfekt und *passé antérieur*

- *Sandrine:*
  *J'ai revu mon ami Olivier qui m'**avait attendue** 10 minutes, l'autre jour.*
  *Quand nous sommes arrivés à la fête, elle **avait** déjà **commencé.***
  *Quand nous **eûmes mangé,***
  Olivier m'invita plusieurs fois à danser.

Das Plusquamperfekt und das *passé antérieur* bezeichnen Geschehnisse, die noch weiter in der Vergangenheit zurückliegen als die Geschehnisse, die im Perfekt, *imparfait* oder *passé simple* berichtet werden.
Im Gebrauch entsprechen sich Plusquamperfekt und *imparfait* (Frage: „Was war...?"), *passé antérieur* und *passé simple* (Frage: „Was geschah nun...?"). (→ 28.2)

Il était un petit navire

Il était un petit navire *(bis)*
Qui n'avait ja-ja-ja-mais navigué *(bis)*
Ohé! Ohé!

= *elle eut mangé*

= *quand nous eûmes commencé*

Das *passé antérieur* wird nur beim Schreiben verwendet, nicht beim Sprechen.

Beim Sprechen wird stattdessen das *passé surcomposé*[1] gebraucht.

---

[1] *surcomposé,* weil diese Zeit mit zwei Partizipien gebildet wird: *Elle a* **eu dansé.** (→ 40.4)

33 Futur I/II

Le futur simple	das Futur I, die Zukunft
*J'espère qu'il **fera** beau demain.*	Ich hoffe, daß morgen gutes Wetter sein wird.

Le futur antérieur	das Futur II, die vollendete Zukunft
*Chacun récoltera ce qu'il **aura semé**.*	Jeder wird ernten, was er gesät haben wird.

33.1
Regelmäßige Futur-Formen[1]

Verben auf *-er:*	Verben auf *-re:*	Verben auf *-ir:*
*j'arrive**rai***	*j'attend**rai***	*je fini**rai***
*tu arrive**ras***	*tu attend**ras***	*tu fini**ras***
*il arrive**ra***	*il attend**ra***	*il fini**ra***
*nous arrive**rons***	*nous attend**rons***	*nous fini**rons***
*vous arrive**rez***	*vous attend**rez***	*vous fini**rez***
*ils arrive**ront***	*ils attend**ront***	*ils fini**ront***
3. Pers. Sg. Präsens: *il **arrive*** — ***-rai, -ras, -ra, -rons, -rez, -ront***	3. Pers. Sg. Präsens: *il **attend***, *il **romp(t)*** (ohne das nicht gesprochene -t) — ***-rai, -ras, -ra, -rons, -rez, -ront***	3. Pers. Sg. Präsens: *il **fini(t)*** (ohne das nicht gesprochene -t) — ***-rai, -ras, -ra, -rons, -rez, -ront***

*j'arrive**rai**, j'attend**rai*** [-re] / [-rɛ]. Die nachlässige Aussprache [-rɛ] ist häufiger.

⚠ F/D	*il sera*	er wird sein	*he will be*
F/E	*il écrira*	er wird schreiben	*he will write*

Im Deutschen und Englischen wird das Futur aus Hilfsverb und Infinitiv zusammengesetzt.

---

[1] Die Erklärung der Futur-Formen geschieht in freier Anlehnung an E. Rattunde: „*Code oral* und *code écrit* im Französischunterricht", Frankfurt 1973, Seiten 23–24.
Traditionell werden die Futur-Formen aus dem Infinitiv und den Endungen *-ai, -as, -a, -ons, -ez, -ont* erklärt, z. B. von M. Grevisse und A. Goosse: «Nouvelle grammaire française», Klett/Duculot, 1980², S. 229, und von A. Hamon: «Grammaire pratique», Paris, Hachette, 1983, S. 118.

Unregelmäßige Futur-Formen

avoir:	***il aura***	er wird haben
être:	***il sera***	er wird sein
aller:	***il ira***	er wird gehen
courir:	***il courra***	er wird laufen
devoir:	***il devra***	er wird müssen
envoyer:	***il enverra***	er wird schicken
faire:	***il fera***	er wird machen
falloir:	***il faudra***	es wird nötig sein
mourir:	***il mourra***	er wird sterben
pouvoir:	***il pourra***	er wird können
recevoir:	***il recevra***	er wird bekommen
savoir:	***il saura***	er wird wissen
tenir:	***il tiendra***	er wird halten
venir:	***il viendra***	er wird kommen
voir:	***il verra***	er wird sehen
vouloir:	***il voudra***	er wird wollen

33.2
Gebrauch des Futur I

*Qui **vivra, verra.***
Wer leben wird, wird sehen.

Das französische und das deutsche Futur entsprechen sich weitgehend im Gebrauch; nur wird das französische Futur häufiger verwendet.

33.3
Regelmäßige Futur-II-Formen

*j'**aurai terminé***
*tu **auras terminé**...*
*je **serai venu***
*tu **seras venu**...*

Hilfsverb ***avoir/être*** im Futur	Partizip Perfekt

Futur II

Das Futur II wird gebildet aus dem Hilfsverb *avoir/être* im Futur und dem Partizip Perfekt.
(Futur-Formen von *avoir/être* → 41.1)

33.4
Gebrauch des Futur II

Ce soir, à 8 heures,
*j'**aurai terminé** mon travail.*
(ich werde beendet haben)

Il reviendra
*quand il **aura terminé** son travail.*
Nous mangerons
*quand il **sera rentré**.*

Das Futur II drückt aus, daß ein Geschehen zu einem zukünftigen Zeitpunkt abgeschlossen sein wird. (Wie im Deutschen.)

test

Relevez les verbes au futur et indiquez l'infinitif.

1

Le troisième Airbus A 310 qui volera dans quelques jours est équipé de moteurs CF 6-80.

2

Bélier

21 mars/20 avril

Côté affectif, vous connaîtrez une période très heureuse à partir du 7, vous serez pleine d'enthousiasme, de confiance et d'admiration. Peut-être pour un beau Lion. Sur le plan travail vous serez pleine d'entrain et prête à vous lancer dans de nouvelles activités, à faire une formation différente, à vous intéresser à toutes sortes de choses. On peut aussi vous proposer une situation intéressante.

3

● **Prochaine rencontre entre M. Kohl et M. Chirac. – Le premier ministre français et le chancelier ouest-allemand se rencontreront le dimanche 3 mai à Strasbourg. Les entretiens porteront sur les questions bilatérales, les questions européennes et les rapports Est-Ouest.**

équipé: ausgerüstet – *bélier:* Widder (Tierkreiszeichen) – *affectif:* Gefühls... – *confiance:* Vertrauen – *Lion:* Löwe – *pleine d'entrain:* voller Tatendrang – *formation:* Ausbildung – *chancelier:* Kanzler – *bilatérales:* zweiseitig

34 Konditional I / II

Le présent du conditionnel, le conditionnel (présent)	das Konditional I, die bedingte Möglichkeit
j'arriverais *elle achèterait*	ich würde kommen sie würde kaufen

Le conditionnel du passé	das Konditional II
j'aurais acheté	ich hätte gekauft

34.1
Formen des Konditional I[1]

Verben auf *-er:*	Verben auf *-re:*	Verben auf *-ir:*
*j'arrive**rais*** *tu arrive**rais*** *il arrive**rait*** *nous arrive**rions*** *vous arrive**riez*** *ils arrive**raient***	*j'attend**rais*** *tu attend**rais*** *il attend**rait*** *nous attend**rions*** *vous attend**riez*** *ils attend**raient***	*je fini**rais*** *tu fini**rais*** *il fini**rait*** *nous fini**rions*** *vous fini**riez*** *ils fini**raient***
3. Pers. Sg. Präsens: *il **arrive*** — ***-rais, -rais, -rait, -rions, -riez, -raient***	3. Pers. Sg. Präsens: *il **attend***, *il **romp**(t)* (ohne das nicht gesprochene -t) — ***-rais, -rais, -rait, -rions, -riez, -raient***	3. Pers. Sg. Präsens: *il **fini**(t)* (ohne das nicht gesprochene -t) — ***-rais, -rais, -rait, -rions, -riez, -raient***

[1] Traditionell werden die Konditional-I-Formen aus dem Infinitiv und den Imparfait-Endungen abgeleitet. (→ 33.1)

34.2
Gebrauch des Konditional I – als Zeit

Futur:

J'apprends que mon oncle viendra. Il m'écrit qu'il restera deux jours.

Futur du passé:

*J'ai appris que mon oncle **viendrait.***
*Il m'a écrit qu'il **resterait** deux jours.*

Das Konditional drückt das Futur – von der Vergangenheit gesehen – aus *(futur du passé).*

34.3
Gebrauch des Konditional I – als Modus

Olivier ne répond pas au téléphone.
Sandrine pense:
Serait-il déjà parti?
(Sollte er schon weggegangen sein?) (a)

***J'aimerais** aller au cinéma.*
(Ich würde gern ins Kino gehen.) (b)

Brigitte lui dit:
*Je **pourrais** t'accompagner.*
(Ich könnte dich begleiten.) (c)

***Pourriez**-vous me dire, madame, où est le cinéma Rex?*
(Würden Sie mir bitte sagen...) (d)

Der „modale" Gebrauch des Konditionals ist im Französischen und Deutschen ähnlich.
Das Konditional I drückt aus:
a) Annahme, Möglichkeit,
b) Wunsch,
c) Vorschlag, Bitte,
d) höfliche Frage
(conditionnel de politesse).
(Gebrauch des Konditionals I im *si*-Satz → 45.6)

34.4
Formen des Konditional II

*j'**aurais aimé***
*tu **aurais aimé**...*
*je **serais venu***
*tu **serais venu**...*

Hilfsverb ***avoir/être*** im Konditional I	Partizip Perfekt

Konditional II

Das Konditional II wird gebildet aus dem Hilfsverb *avoir/être* im Konditional I und aus dem Partizip Perfekt.

34.5
Gebrauch des Konditional II

*J'**aurais aimé** que vous veniez tous.*
*J'**aurais** bien **acheté** cette belle moto, mais, tu sais, elle est trop chère.*

Das Konditional II drückt die genannten modalen Gebrauchsmöglichkeiten (→ 34.3) in der Vergangenheit aus.

(Gebrauch des Konditionals II im *si*-Satz → 45.6)

Justifiez l'emploi du conditionnel et énoncez les règles.

1

COURS LEÇONS

• **Jeune homme très bon niveau en ANGLAIS, AIDERAIT ELEVE(S) en difficulté dans cette branche et donnerait cours de MATHS, PHYSIQUE. Tél. [redacted].14.61 heures repas et après 20 heures.**

2

APERÇU POUR DEMAIN

Temps dégagé, ensoleillé et plus chaud sur l'ensemble de la région. Les températures devraient atteindre souvent les 30 degrés au cours de l'après-midi.

3

MARIAGES

NI AGENCE NI CLUB ! 700 pers. cherchent l'âme sœur, vue mariage. SOLITAIRES QU'ATTENDEZ-VOUS ? [redacted].30.30

DIDIER, 45 ans, deux objectifs : recréer un foyer et gérer son entreprise, aimerait partager vie et voyage avec dame douce, gaie. En vue mariage. [redacted].44.52.60.

4

Le tigre aux dix-sept victimes abattu

Des chasseurs du Bangladesh ont tué un tigre royal du Bengale, qui aurait mangé au moins dix-sept personnes ces cinq derniers mois.

branche: Schulfach – *heures repas:* Essenszeiten – *aperçu:* Aussichten – *dégagé:* klar – *solitaires:* Singles. – *objectifs:* Ziele – *foyer:* Hausstand – *gérer:* führen

35 Subjonctif

L'indicatif	der Indikativ, die Wirklichkeitsform
Le subjonctif	der Konjunktiv, die Möglichkeitsform

Indicatif:	*Subjonctif:*	Indikativ:	Konjunktiv:
il sait	*qu'il sache*	er weiß	daß er wisse
elle dit	*qu'elle dise*	sie sagt	daß sie sage
tu as	*que tu aies*	du hast	daß du habest
nous sommes	*que nous soyons*	wir sind	daß wir seien

35.1
Regelmäßige Formen des *présent du subjonctif*

Verben auf *-er:*	Verben auf *-re:*	Verben auf *-ir:*
*que je regard**e***	*que je répond**e***	*que je finiss**e***
*que tu regard**es***	*que tu répond**es***	*que tu finiss**es***
*qu'il regard**e***	*qu'il répond**e***	*qu'il finiss**e***
*que nous regard**ions***	*que nous répond**ions***	*que nous finiss**ions***
*que vous regard**iez***	*que vous répond**iez***	*que vous finiss**iez***
*qu'ils regard**ent***	*qu'ils répond**ent***	*qu'ils finiss**ent***

Stamm der 3. Person Plural Präsens:	Endungen
*ils **regard**ent*	***-e***[1]
*ils **répond**ent*	***-es***
*ils **finiss**ent*	***-e***
	-ions
	-iez
	-ent

Beachte die regelmäßigen Formen:

*oublier: que nous oubl**ii**ons, que vous oubl**ii**ez.*

*prier: que nous pr**ii**ons, que vous pr**ii**ez.*

Der Verbstamm endet auf *-i;* mit den Endungen *-ions, -iez* stoßen zwei i aufeinander.

---

[1] *-e, -es, -e, -ent* entsprechen den Endungen des Präsens der Verben auf *-er* (→ 26.1). *-ions, -iez* entsprechen den *imparfait*-Endungen (→ 28.1).

Unregelmäßige Formen des *présent du subjonctif*

aller: qu'il aille — daß er gehe

que j'aille	*que nous allions*
que tu ailles	*que vous alliez*
qu'il aille	
qu'ils aillent	

avoir: qu'il ait — daß er habe

que j'aie	*que nous ayons*
que tu aies	*que vous ayez*
qu'il ait	
qu'ils aient	

être: qu'il soit — daß er sei

que je sois	*que nous soyons*
que tu sois	*que vous soyez*
qu'il soit	
qu'ils soient	

faire: qu'il fasse — daß er mache
falloir: qu'il faille — daß es nötig sei
pleuvoir: qu'il pleuve — daß es regne
pouvoir: qu'il puisse — daß er könne
savoir: qu'il sache — daß er wisse
valoir: qu'il vaille — daß es wert sei

vouloir: qu'il veuille — daß er wolle

que je veuille	*que nous voulions*
que tu veuilles	*que vous vouliez*
qu'il veuille	
qu'ils veuillent	

35.2
Formen des *imparfait du subjonctif*

Verben auf *-er:*	Verben auf *-re:*	Verben auf *-ir:*
*que je parl**asse***	*que j'attend**isse***	*que je fin**isse***
*que tu parl**asses***	*que tu attend**isses***	*que tu fin**isses***
*qu'il parl**ât***	*qu'il attend**ît***	*qu'il fin**ît***
*que nous parl**assions***	*que nous attend**issions***	*que nous fin**issions***
*que vous parl**assiez***	*que vous attend**issiez***	*que vous fin**issiez***
*qu'ils parl**assent***	*qu'ils attend**issent***	*qu'ils fin**issent***

Stamm des Infinitivs:	
***parl**er*	***-asse** **-asses** **-ât** **-assions** **-assiez** **-assent***

Stamm des Infinitivs:	
***attend**re* ***fin**ir*	***-isse** **-isses** **-ît** **-issions** **-issiez** **-issent***

Die Formen des *imparfait du subjonctif* kommen nur in der Literatur vor. Gebräuchlich ist auch dort nur die 3. Person Singular.
Statt der Formen des *imparfait du subjonctif* werden die Formen des *présent du subjonctif* verwendet.

35.3
Formen des *subjonctif passé*

que j'aie vu	*que je sois venu*
que tu aies vu	*que tu sois venu*
qu'il ait vu	*qu'il soit venu*
que nous ayons vu	*que nous soyons venus*
que vous ayez vu	*que vous soyez venus*
qu'ils aient vu	*qu'ils soient venus*

Hilfsverb ***avoir/être*** im *présent du subjonctif*	Partizip Perfekt

Subjonctif passé

Die *subjonctif-passé*-Formen werden aus dem Hilfsverb *avoir / être* im *présent du subjonctif* und dem Partizip Perfekt gebildet.

35.4
Gebrauch des *subjonctif* (I): Konjunktionen + *subjonctif*

Nous allons à la plage
bien qu'*il* **fasse** *mauvais temps. /*
quoiqu'*il* **fasse** *mauvais temps.*
Nous irons à la plage
à condition *qu'il ne* **pleuve** *pas. /*
pourvu qu'*il ne* **pleuve** *pas.*
Il est parti
sans qu'*on s'en* **aperçoive.**
Nous restons à la plage
jusqu'à ce qu'*il* **pleuve.**
Nous rentrerons
avant qu'*il* **pleuve.**
Mme Dubois nous appelle
pour que *nous* **rentrions.** */*
afin que *nous* **rentrions.**

bien que	Verb im *subjonctif*
quoique	
à condition que	
pourvu que	
sans que	
jusqu'à ce que	
avant que	
pour que	
afin que	

Nach folgenden Konjunktionen steht automatisch der *subjonctif: bien que / quoique* (obwohl), *à condition que / pourvu que* (vorausgesetzt daß), *sans que* (ohne daß), *jusqu'à ce que* (bis), *avant que* (bevor), *pour que / afin que* (damit).

(*Subjonctif* nach *de sorte que, de manière que, de façon que* → S. 203, 204)

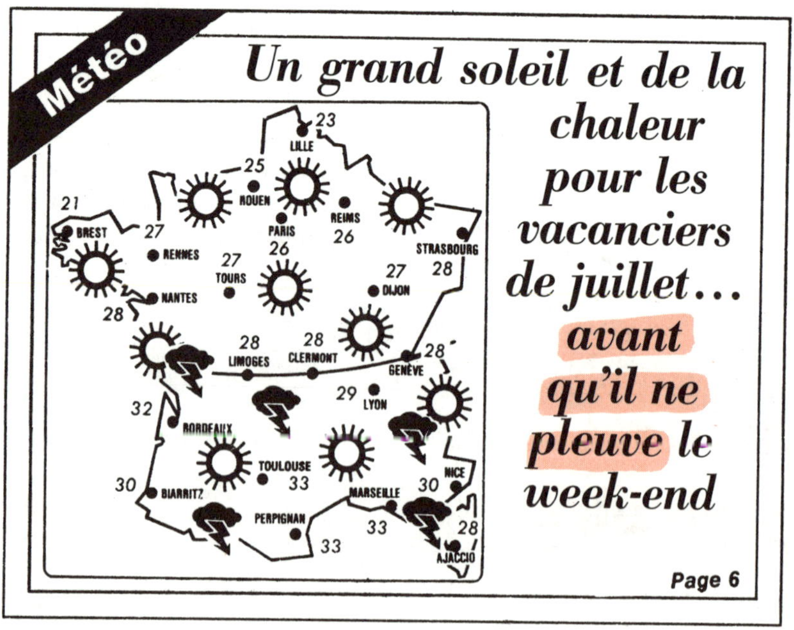

35.5
Gebrauch des *subjonctif* (II): Verben des Gefühls[1] + *que* + *subjonctif*

- *Je **suis content** que tu **sois** venu.*
  *J'**aimerais** que vous **restiez** plus longtemps.*
  *J'**ai peur** que nous n'**ayons** pas assez de temps.*

[1] Sie werden auch „Verben der persönlichen Stellungnahme" oder „Verben des subjektiven Empfindens" genannt.

Verb des Gefühls	***que***	*subjonctif*

Nach Verben des Gefühls (Freude, Trauer, Angst, Überraschung ...) steht im *que*-Satz der *subjonctif*.

- *J'**espère** que tu **viendras** ce soir.*

Nach *espérer* steht im *que*-Satz meist das Futur, nicht der *subjonctif*.

Häufige Verben des Gefühls

admirer	bewundern
aimer	lieben
apprécier	schätzen
avoir honte	sich schämen
avoir peur	Angst haben
craindre	fürchten
déplorer	beklagen
détester	verabscheuen
s'étonner	erstaunt sein
s'indigner	sich entrüsten
s'inquiéter	sich beunruhigen
se moquer	sich lustig machen
se plaindre	sich beklagen
redouter	befürchten
regretter	bedauern
se réjouir	sich freuen
trouver bon, drôle, étrange, mauvais	gut, komisch, merkwürdig, schlecht finden
cela m'étonne	es wundert mich
cela me plaît	es gefällt mir
cela me surprend	es überrascht mich
...	
être affligé	betrübt sein
être charmé	entzückt sein
être choqué	schockiert sein
être content	zufrieden sein
être déçu	enttäuscht sein
être désolé	betrübt sein
être enchanté	entzückt sein
être étonné	erstaunt sein
être fâché	ärgerlich sein
être fier	stolz sein
être flatté	sich geschmeichelt fühlen
être furieux	wütend sein
être gêné	befangen sein
être heureux	glücklich sein
être malheureux	unglücklich sein
être mécontent	unzufrieden sein
être ravi	entzückt sein
être satisfait	zufrieden sein
être stupéfait	verblüfft sein
être surpris	überrascht sein
être triste	traurig sein
être indigné	entrüstet sein
il est dommage	es ist schade
il est étonnant	es ist erstaunlich

35.6

Gebrauch des *subjonctif* (III): Verben des Wollens[1] + *que* + *subjonctif*

- *Sandrine **veut** que nous **allions** à la discothèque.*
  *Son père **permet** qu'elle **sorte** avec Olivier.*
  *Il **demande** que nous **soyons** rentrés avant minuit.*

Verb des Wollens	*que*	*subjonctif*

Nach Verben des Wollens (Beabsichtigen, Wünschen, Befehlen, Erlauben, Verbieten ...) steht im *que*-Satz der *subjonctif*.

- ***Dites**-lui qu'il **vienne**.*
  (Dites-lui de venir.)

Wenn *dire* bedeutet „einen Befehl übermitteln", steht im *que*-Satz der *subjonctif*.

- *Le président **décide** que la séance[2] **reprendra** demain à 9 heures.*

Nach *décider* und *résoudre* steht im *que*-Satz meist das Futur oder das Konditional.

- *Oliver a **persuadé** son frère qu'il n'**avait** rien à craindre.*

Nach *persuader* (überreden) und *convaincre* (überzeugen) steht im *que*-Satz kein *subjonctif*.

[1] Sie werden auch „Verben der Willensäußerung" genannt. [2] die Sitzung

Häufige Verben des Wollens

accepter	zustimmen	*proposer*	vorschlagen
aimer mieux	bevorzugen	*refuser*	zurückweisen
approuver	billigen	*souffrir*	zulassen
attendre	erwarten	*souhaiter*	wünschen
autoriser	ermächtigen	*supporter*	zulassen
avoir envie	mögen	*tâcher*	versuchen
consentir	zustimmen	*tolérer*	zulassen
défendre	verbieten	*vouloir*	wollen
demander	verlangen	...	
désapprouver	mißbilligen		
désirer	wünschen	*il convient*	es ist angemessen
empêcher	verhindern	*il est bon*	es ist gut
être d'accord	einverstanden sein	*il est important*	es ist wichtig
éviter	vermeiden	*il est indispensable*	es ist notwendig
exiger	fordern	*il est nécessaire*	es ist notwendig
interdire	verbieten	*il faut*	es ist nötig
ordonner	anordnen	*il est utile*	es ist nützlich
permettre	erlauben	*il suffit*	es reicht
préférer	vorziehen	*il vaut mieux*	es wäre besser
prier	bitten	...	

35.7
Gebrauch des *subjonctif* (IV): Verben der Ungewißheit + *que* + *subjonctif*

- *Je* ***doute*** *que ce* ***soit*** *possible.*

  Il est possible *qu'Olivier* ***vienne*** *encore.*

Verb der Ungewißheit	*que*	*subjonctif*

Nach Verben der Ungewißheit steht im *que*-Satz der *subjonctif*.

- *Nul doute que ce ne* ***soit*** *un mage*[1].
  (Anatole France)

  Il n'y a pas de doute que ce débutant ne devienne un grand acteur.

Nach *il n'y a pas de doute que, il n'est pas douteux que* und *nul doute que* steht nur in gehobener Sprache der *subjonctif*.

[1] der Zauberer

- ***Il semble*** *que le film lui* ***ait*** *plu.*
  (Peut-être.)
  Il semble que le film lui ***a*** *plu.*
  (J'en suis sûr.) (a)
  Il me semble que le film lui ***a*** *plu.*
  Il ne me semble pas *que le film lui* ***ait*** *plu.* (b)

a) Nach *il semble que* steht der *subjonctif* nur, wenn eine Ungewißheit ausgedrückt werden soll.
b) Nach *il ne me semble pas que* steht der *subjonctif*.

- *Je suppose que tu es fatigué.*
  (J'en suis presque sûr.)
  Supposons *que tu* ***sois*** *d'accord.*
  (Prenons cela comme hypothèse.)
  J'admets que je me suis trompé.
  (C'est un fait.)
  Admettons *que tu te* ***sois*** *trompé.*
  (Prenons cela comme hypothèse.)

Nach *supposer que* und *admettre que* steht der Indikativ, wenn eine Gewißheit ausgedrückt werden soll. Es steht jedoch der *subjonctif*, wenn eine Annahme ausgedrückt werden soll.

Häufige Verben der Ungewißheit

contester	bestreiten	*il se peut*	es kann sein
douter	zweifeln	*il est (im)possible*	es ist (un)möglich
ne pas douter	nicht zweifeln	*il n'est pas probable*	es ist nicht wahrscheinlich
nier	abstreiten	*il n'est pas*	es ist nicht
supposer	vermuten	*certain,*	gewiß,
il arrive	es kommt vor	*sûr,*	sicher,
il est douteux	es ist zweifelhaft	*vrai*	wahr
il n'est pas douteux	es ist nicht zweifelhaft	...	

35.8

Gebrauch des *subjonctif* (V): Verben des Sagens und Denkens + *que* + *subjonctif*

- *Je crois que c'est possible.*
  *Je **ne crois pas** que ce **soit** possible.*
  ***Crois-tu** que ce **soit** possible?*

  Je dis qu'il s'est trompé.
  *Je **ne dis pas** qu'il se **soit** trompé.*
  ***Ai-je dit** qu'il se **soit** trompé?*

Verb des Sagens, Denkens (verneint, fragend)	*que*	*subjonctif*

Nach Verben des Sagens und Denkens steht im *que*-Satz der *subjonctif,*

a) wenn sie verneint gebraucht werden und damit die Ungewißheit ausgedrückt werden soll.
b) wenn sie fragend gebraucht werden. (Nur nach Inversionsfrage → 3.9)

⚠ *Elle dit qu'elle **est** revenue à 20 heures.*
F/D Sie sagt, daß sie um 20 Uhr zurückgekommen **sei.**

Im Deutschen kann der Konjunktiv in der indirekten Rede stehen. Im Französischen ist das nicht möglich.

35.9

Gebrauch des *subjonctif* (VI): *subjonctif* im Relativsatz

- *C'est le **meilleur** film*
  *que j'**aie** jamais vu.* (a)
  *Marie Curie a été la **première** femme*
  *qui **ait** reçu le prix Nobel.* (b)
  *Il **n'**y a **personne***
  *qui **conduise** mieux que ma femme, dit M. Dubois.* (c)

Superlativ/ Verneinung	Relativsatz *subjonctif*

Der *subjonctif* steht häufig im Relativsatz

a) nach Superlativen,
b) nach superlativischen Ausdrücken wie *premier, dernier, seul, unique,*
c) nach Verneinung.

- *Nous cherchons un bon hôtel*
  *qui ne **soit** pas trop cher,*
  *qui **ait** une piscine.*

Der *subjonctif* sollte im Relativsatz stehen, wenn dieser einen Wunsch oder Zweck ausdrückt.

35.10

Gebrauch des *subjonctif* (VII): Indefinite Pronomen + *subjonctif*

***Qui que** tu **sois,** je ne te reconnais pas.*
***Quoi que** tu **dises,** je ne te crois pas.*
***Quoi qu'**il en **soit,** it faut réagir.*
***Quelle que soit** ta faute, elle sera pardonnée.*

Unbestimmtes Pronomen	*subjonctif*

Nach den indefiniten Pronomen *qui que* (wer auch immer), *quoi que* (was auch immer), *quel que* (welcher Art auch immer) steht der *subjonctif.*

35.11
Gebrauch des *subjonctif* (VIII): *subjonctif* in Ausrufen

***Vive** la France!*
***Coûte** que coûte!*
***Comprenne** qui pourra!*

Der subjonctif steht in einigen Ausrufen, die einen Wunsch ausdrücken.

Appétissantes, fraîches, croquantes, et pleines de vitamines... Vive les salades !

test

Relevez dans les propositions subordonnées les verbes au subjonctif et à l'indicatif et énoncez les règles.

1 HUGO: Fais un effort, Jessica. Sois sérieuse.
JESSICA: Pourquoi faut-il que je sois sérieuse?
HUGO: Parce qu'on ne peut pas jouer tout le temps.
(Sartre: Les Mains sales)

2 Mais je ne crois pas que tu comprennes. (Colette: Gigi)

3 Elle cessa d'écrire. Son visage resta immobile, et son regard me suivit jusqu'à ce que la porte de l'hôtel se refermât. (Malraux: Antimémoires)

4 La plus grande joie que j'aie connue dans mon enfance était celle de découvrir, d'explorer. (Gabriel Marcel: Existentialisme chrétien)

5 Il est seul. Il ouvre le piano, il approche une chaise... Pourquoi attend-il d'être seul? Personne ne l'empêcherait de jouer, pourvu qu'il ne fît pas trop de bruit. (R. Rolland: Jean-Christophe; L'Aube.)

6 M. MARTIN: Mes excuses, Madame, mais il me semble, si je ne me trompe, que je vous ai déjà rencontrée quelque part.
MME MARTIN: A moi aussi, Monsieur, il me semble que je vous ai déjà rencontré quelque part. (Ionesco: La Cantatrice chauve)

elle cessa: sie hörte auf – *explorer:* auskundschaften

36 Passiv

La voix passive, le passif	das Passiv, die Leideform
Le voleur est arrêté. *Il a été interrogé.*	Der Dieb wird verhaftet. Er ist verhört worden.

36.1
Formen des Passivs

je suis interrogé
tu es interrogé
il est interrogé
nous sommes interrogés
vous êtes interrogés
ils sont interrogés

Hilfsverb *être*	Partizip Perfekt

Passiv

Das Passiv wird gebildet aus dem Hilfsverb *être* und dem Partizip Perfekt.

Das Passiv gibt es in allen Zeiten:
il était interrogé (imparfait),
il sera interrogé (Futur),
il a été interrogé (Perfekt),
il avait été interrogé (Plusquamperfekt),
qu'il soit interrogé (subjonctif) ...

36.2
Transitive Verben – Passiv

● *Je bats* ***le chien.***

direktes Objekt

Le chien *est battu.*

L'ambulance transporte ***le malade*** *à l'hôpital.*

direktes Objekt

Le malade *est transporté à l'hôpital.*

Nur Verben, die ein direktes Objekt bei sich haben (transitive Verben), können ein Passiv bilden.
Im Passivsatz wird das direkte Objekt zum Subjekt (wie im Deutschen und im Englischen).

● *Il a été obéi.* *(obéir* ***à*** *qn)*
Tu es pardonné. *(pardonner* ***à*** *qn)*

Obwohl die Verben *obéir* und *pardonner* ein indirektes Objekt bei sich haben, können sie ein Passiv bilden.

36.3
Passiv + *de / par*

● **Au Palais des Sports, l'orchestre de Bordeaux-Aquitaine est dirigé par Roberto Benzi.** (Marie France)

Le professeur Dubois est estimé ***de*** *ses collègues.*
Le chat a été écrasé ***par*** *une voiture.*
Olivier est écrasé ***de*** *travail.*

par drückt meist einen Vorgang aus.
de drückt meist einen Zustand aus.
de wird auch bei Verben mit übertragener Bedeutung gebraucht.

36.4
Gebrauch des Passivs

● **Au Pays basque espagnol**

DEUX VOITURES FRANÇAISES INCENDIÉES

Bilbao *(AFP)*. – Deux voitures françaises ont été incendiées par des inconnus dans la nuit du lundi 30 au mardi 31 juillet à Bilbao et Saint-Sébastien. A Saint-Sébastien, une DS Citroën a été incendiée par deux individus masqués. Cet attentat a été revendiqué par le Groupe d'appui aux réfugiés basques.

(Le Monde)

Das Passiv wird im Französischen generell seltener gebraucht als im Deutschen. Man findet es jedoch häufig in Zeitungen.

● *Louis XIV a construit ce château.*

Ce château
a été construit par Louis XIV.

La police a arrêté un terroriste.

Un terroriste
a été arrêté par la police.

Das Passiv wird verwendet, um den Urheber der Handlung an das Satzende zu stellen und hervorzuheben. (→ 2.6)

---

incendiées: angezündet – *revendiquer:* die Verantwortung übernehmen für – *appui:* Unterstützung – *réfugiés:* Flüchtlinge

● *La voiture volée a été retrouvée.*
= ***On** a retrouvé la voiture volée.*

Les complices sont recherchés à Paris.
= ***On** recherche les complices à Paris.* (a)

In der Schweiz wird französisch gesprochen.

*En Suisse **on** parle français.* (b)

a) Im Französischen hat der Satz im Passiv ein Subjekt.
b) Fehlt das Subjekt, wird ein Satz mit *on* gebildet.

⚠ F/D *« Château » **s'écrit** avec un accent circonflexe.*
„*Château*" **wird** mit *accent circonflexe* **geschrieben.**
*Le vin blanc **se boit** frais.*
Weißwein **wird** kühl **getrunken.**

Bei einigen Verben entspricht dem deutschen Passiv im Französischen die reflexive Form des Verbs.

test

Relevez les formes au passif ou les formes grammaticales qui les remplacent. Enoncez les règles.

1 **On cherche un petit prince**

On cherche un enfant entre 10 et 12 ans, yeux et cheveux clairs, pour jouer en alternance le rôle du **Petit Prince** au Centre national du Lucernaire. Se présenter directement et le plus tôt possible au Lucernaire tous les jours à partir de 18 heures, 53, rue Notre-Dame-des-Champs.

2 ●Un camion et deux voitures, immatriculés en France, ont été incendiés hier à Irun (Pays basque espagnol) et à Pampelune (Navarre).

Le camion a été incendié alors que son conducteur dormait dans la cabine. Celui-ci s'est réveillé et a pu éteindre les flammes avec un extincteur.

3 **LANGUES VIVANTES**

Une langue peut s'apprendre en 6 mois. Alors, si vous avez du temps libre, apprenez
☐ l'anglais ☐ l'allemand
☐ l'espagnol (initiation ou perfectionnement).
COURS SUR DISQUES OU CASSETTES.

en alternance: abwechselnd – *immatriculés:* zugelassen – *incendiés:* angezündet – *un extincteur:* ein Feuerlöscher – *initiation:* Einführung

37 Imperativ

L'impératif	der Imperativ, die Befehlsform
Viens. Attendez. *Excusez-moi.*	Komm! Warten Sie! Entschuldigen Sie!

37.1
Regelmäßige Formen des Imperativs

Verben auf *-er:*	Verben auf *-re:*	Verben auf *-ir:*
Ecoute[1]. *Ecoutons.* *Ecoutez.*[2]	*Attends.* *Attendons.* *Attendez.*[2]	*Finis.* *Finissons.* *Finissez.*[2]
Stamm des Infinitivs: ***écouter*** + ***-e / -ons / -ez***	Stamm des Infinitivs: ***attendre*** + ***-s / -ons / -ez***	Stamm des Infinitivs: ***finir*** + ***-iss*** + ***-is / -ons / -ez***

[1] Vor *en* und *y* gibt es Sonderformen (→ 19.7):
*Penses-**y**.* *Retournes-**y**.*
*Manges-**en**.* *Profites-**en**.*

[2] Die Formen auf *-ez* gebraucht man auch aus Höflichkeit:
Asseyez-vous, madame.

⚠ Beachte die Endung *-s* im Präsens und im Imperativ:

Verben auf *-er, avoir:*		Verben auf *-re, -ir, être:*	
*Tu écoute**s**.*	*Ecoute*∧.	*Tu attend**s**.*	*Attend**s**.*
*Tu cherche**s**.*	*Cherche*∧.	*Tu fini**s**.*	*Fini**s**.*
*Tu a**s**.*	*Aie*∧.	*Tu e**s**.*	*Soi**s**.*

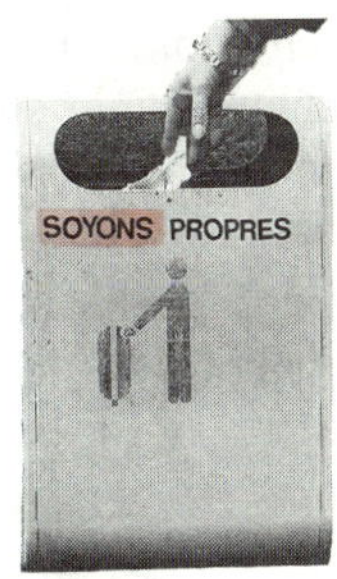

Unregelmäßige Imperativ-Formen

avoir:	***aie, ayons, ayez***	hab, haben wir, habt
être:	***sois, soyons, soyez***	sei, seien wir, seid
aller:	***va, allons, allez*** ***(Vas-y. Va-t'en.)***	geh, gehen wir, geht
savoir:	***sache, sachons, sachez***	wisse, wissen wir, wißt
vouloir:	***veuille, veuillons, veuillez***	wolle, wollen wir, wollt

37.2
Imperativ der reflexiven Verben

*Lève-**toi**.*
*Levons-**nous**.*
*Levez-**vous**.* (a)

*Ne **te** lève pas.*
*Ne **nous** levons pas.*
*Ne **vous** levez pas.* (b)

a) Das Reflexivpronomen steht hinter dem bejahten Imperativ und wird mit einem Bindestrich angeschlossen.
b) Das Reflexivpronomen steht vor dem verneinten Imperativ.

37.3
Gebrauch des Imperativs

Ecoute.	Hör mal!
Attendez.	Warten Sie!
Ne recommencez pas.	Laßt das!

Der Imperativ drückt eine Aufforderung oder einen Befehl aus (wie im Deutschen und Englischen).
Nach dem französischen Imperativ steht meist nur ein Punkt (kein Ausrufezeichen → 46.7).
(Imperativ + Objektpronomen → 13.7, 13.8)

37.4
Umschreibung des Imperativs

*Les élèves **se présenteront** au secrétariat.* (a)

***Agiter** avant d'ouvrir.*
***S'adresser** au concierge.* (b)

***Pouvez-vous** m'indiquer le chemin de la gare?* (c)

***Pourriez-vous** m'indiquer le chemin de la gare?* (d)

Es gibt verschiedene Mittel, um den unhöflich wirkenden Imperativ zu umschreiben. Zum Beispiel:
a) Futur (Sprache der Verwaltung),
b) Infinitiv (z. B. in Gebrauchsanweisungen, Kochrezepten),
c) Frage (höflich),
d) Frage im Konditional (sehr höflich).

38 Partizip Präsens

Le participe présent	das Partizip Präsens (mit Ergänzung), das Mittelwort der Gegenwart
cherchant la gare *mangeant le croissant*	den Bahnhof suchend das Croissant essend

L'adjectif verbal	das Partizip Präsens (ohne Ergänzung)
un film amusant *une chaise roulante*	ein lustiger Film ein Rollstuhl

38.1
Formen des Partizips Präsens

- *cherch**ant***
  *finiss**ant***
  *sort**ant***
  *mange**ant***
  *appel**ant***
  *fais**ant***
  *all**ant***
  *voy**ant***

Stamm der 1. Person Plural Präsens	***-ant***

Partizip Präsens

Das Partizip Präsens wird gebildet aus dem Stamm der 1. Person Plural Präsens und der Endung *-ant*.

Das Partizip Präsens hat auch eine Vergangenheitsform:
ayant chanté, ayant fini, étant sorti

- *avoir* – ***ayant***
  être – ***étant***
  savoir – ***sachant***

Diese 3 Verben haben ein unregelmäßiges Partizip Präsens.

38.2
Partizip Präsens / Adjektiv

Participe prés.:	*Adjectif verbal:*
*convain**qu**ant*	*convain**c**ant*
*différ**a**nt*	*différ**e**nt*
*excell**a**nt*	*excell**e**nt*
*fatig**u**ant*	*fatigant*
*néglig**ea**nt*	*néglig**e**nt*
***pouv**ant*	***puiss**ant*
*précéd**a**nt*	*précéd**e**nt*
*provo**qu**ant*	*provo**c**ant*
*sa**ch**ant*	*sa**v**ant*

Einige Präsens-Partizipien werden anders geschrieben als die entsprechenden Adjektive.

38.3
Veränderlichkeit des *adjectif verbal*

une question intéressante
une fille souriante (a)
une question intéressant tout le monde
une fille souriant toute la journée (b)

(a) Das *adjectif verbal* wird wie jedes Adjektiv verändert. (→ 20.1)
(b) Das *participe présent* wird nicht verändert[1].

38.4
Beziehungswort des Partizips Präsens

- *M. Dubois, travaillant à Paris, se lève très tôt pour prendre le train.* (a)
Chaque dimanche, je vois ***M. Dubois*** *travaillant dans le jardin.* (b)

Subjekt	Partizip Präsens
Objekt	Partizip Präsens

[1] *Tolérances (1976), Nr. 8*

Das Partizip Präsens bezieht sich
a) auf das Subjekt,
b) auf das direkte Objekt.

- *Sandrine aperçoit Brigitte sortant du lycée.*

Sortant du lycée, Sandrine aperçoit Brigitte.

Wenn sich zwei Beziehungswörter für das Partizip Präsens anbieten, bezieht es sich auf das, das ihm am nächsten steht.

38.5
Absolute Partizipialkonstruktion

Mon ***père*** *étant malade,*
j'*ai fait venir le médecin.*
Tout le monde *étant arrivé,*
on *a pu commercer la séance*[1].

1. Subj. | Part. Präs.	2. Subj. | Prädikat
Absolute Partizipialkonstruktion	

Die absolute Partizipialkonstruktion hat ein eigenes Subjekt. (Das Subjekt kann aber nicht Personalpronomen oder *ce* sein.)
Die absolute Partizipialkonstruktion wird gelegentlich beim Schreiben verwendet, nicht beim Sprechen.

[1] die Sitzung

38.6
Gebrauch des Partizips Präsens

- *M. Dubois* ***travaillant*** *dans le jardin . . .*
  = qui travaille dans le jardin . . .

Beziehungswort	Partizip Präsens
	qui Relativsatz

Das *participe présent* steht meist für einen Relativsatz mit *qui*.

- ***Etant*** *gravement malade*
  M. Martin va à l'hôpital.
  = Parce qu'il est gravement malade . . . (a)
  Ayant trouvé *un bon restaurant*
  M. Dubois y retourne souvent.
  = Après qu'il eut trouvé un bon restaurant . . . (b)

Das *participe présent* steht auch für einen

a) Kausalsatz *(parce que)*,
b) Temporalsatz, der die Vorzeitigkeit[1] ausdrückt *(après que)*.[2]

---

[1] Auf französisch: *l'antériorité*.

[2] In seltenen Fallen steht das Partizip Präsens auch für einen Konzessivsatz *(Bien que . . .)* oder einen Konditionalsatz *(Si . . .)*.

38.7
Stellung des Partizips Präsens im Satz

Etant gravement malade, *M. Martin doit aller à l'hôpital.*
M. Martin, ***étant gravement malade,*** *doit aller à l'hôpital.*
M. Martin doit aller à l'hôpital, ***étant gravement malade.***

Partizip Präsens	Subjekt	
Subjekt	Partizip Präsens	
Subjekt		Partizip Präsens

Das Partizip Präsens kann vor oder hinter dem Beziehungswort stehen – oder dem Beziehungswort erst später folgen.

---

test

siehe Seite 169

39 Gérondif

Le gérondif	(kein entsprechender Begriff vorhanden)
en chantant, en mangeant	

⚠ F/E Der *gérondif* entspricht nicht dem englischen Gerund. Ausnahme → 39.6.

39.1
Formen des *gérondif*

- ***en** cherch**ant***
  en** commenç**ant
  en** finiss**ant
  en** sach**ant

en + Partizip Präsens = *gérondif*

Der *gérondif* wird gebildet aus *en* + Partizip Präsens.

(*En attendant* hat auch die Bedeutung: „inzwischen".)

- ***tout** en mangeant*
  ***tout** en lisant*

Der *gérondif* kann durch *tout* verstärkt werden.

39.2
gérondif der reflexiven Verben

s'occuper:
*Elle écoute la radio en **s'**occupant des enfants.*
*Et toi, est-ce que tu écoutes aussi la radio en **t'**occupant des enfants?*

Das Reflexivpronomen richtet sich nach dem Subjekt des übergeordneten Satzes.

39.3
Unveränderlichkeit des *gérondif*

Elle se promène en chantant.
Nous nous promenons en chantant. (a)

Elle se promène en chantant.
Elle s'est promenée en chantant.
Elle se promènera en chantant. (b)

a) Der *gérondif* ist unveränderlich.
b) Er drückt auch keine bestimmte Zeit aus.

39.4
Beziehungswort des *gérondif*

Elle se promène.
↕
Elle chante.
Elle se promène en chantant.

Subjekt | Verb | *gérondif*

Der *gérondif* hat dasselbe Subjekt wie der übergeordnete Satz[1].

[1] Es gibt seltene Ausnahmen: *L'appétit vient en mangeant.*

39.5
Stellung des Objektpronomens beim *gérondif*

Sandrine sourit en voyant ***son ami.***

Elle sourit en ***le*** *voyant.*

en	Objekt-pronomen	*gérondif*

Das Objektpronomen (ohne Präposition) steht zwischen *en* und der Verbform auf *-ant.*

39.6
Gebrauch des *gérondif*
(forme adverbiale du verbe)

Elle se promène
en chantant.
= et en même temps elle chante.

Elle sourit
en me parlant.
= pendant qu'elle me parle. (a)

Elle s'informe
en lisant le journal.
= au moyen de la lecture du journal. (b)

Elle réussira
en travaillant plus.
= si elle travaille plus. (c)

a) In den meisten Fällen drückt der *gérondif* die Gleichzeitigkeit[1] aus.
Der *gérondif* kann auch ausdrücken:
b) das Mittel,
c) die Bedingung.

Der *gérondif* verkürzt den Satz und wirkt deshalb stilistisch geschickt.

39.7
Stellung des *gérondif* im Satz

Elle sourit ***en apercevant son ami.***
En apercevant son ami, *elle sourit.*

	übergeordneter Satz	*gérondif*
gérondif	übergeordneter Satz	

Der *gérondif* kann vor oder hinter dem übergeordneten Satz stehen.

[1] Auf französisch: *la simultanéité.*

Unterscheidung von *gérondif* und Partizip Präsens

Der ***gérondif***	Das **Partizip Präsens**
– steht meist für einen Temporalsatz, der die Gleichzeitigkeit ausdrückt.	– steht meist für einen Relativsatz.
– hängt vom Subjekt des übergeordneten Satzes ab.	– hängt vom Subjekt oder direkten Objekt des übergeordneten Satzes ab.

Es kommt vor, daß beide Formen möglich sind.
Dann muß der Verfasser des Textes nach einer Sprechabsicht entscheiden:

En apercevant son ami, Sandrine sourit. *= Elle sourit quand elle aperçoit son ami.*	*Apercevant son ami, Sandrine sourit.* *= Elle, qui aperçoit son ami, sourit.*

Au Japon, c'est le typhon Kitty qui a ravagé, dans la nuit de vendredi à samedi la côte sud-ouest du pays, provoquant la mort de cinq personnes et en blessant sept autres.

(Le Monde)

test

Relevez les participes et les gérondifs et énoncez les règles.

1 Une fourmi parlant français,
Parlant latin et javanais,
Ça n'existe pas, ça n'existe pas.
(Desnos: La Fourmi)

2

Locomotive diesel CC 72 000 remorquant un train express de voyageurs.

3 **PILLEURS DE MANUSCRITS**

Agissant sans doute pour un collectionneur, deux garçons de dix-huit ans ont tenté de voler des manuscrits d'Albert Einstein et d'autres livres rares à l'Université hébraïque de Jérusalem. Ils ont été arrêtés par des gardes de sécurité en sortant de la cave de la bibliothèque.

4

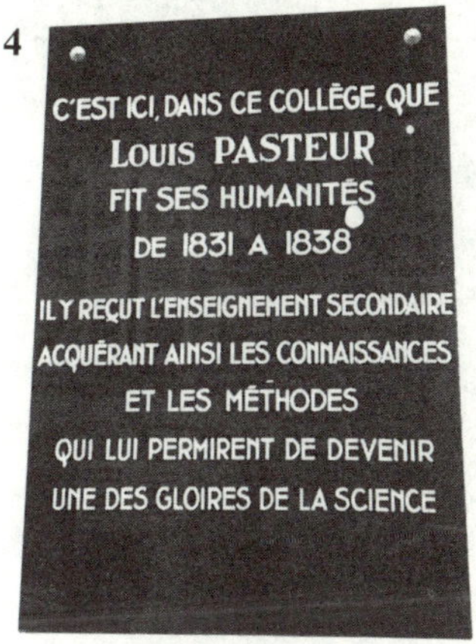

5 « Sur les marchés les prix varient d'un marchand à l'autre, d'où l'intérêt d'un tour d'horizon complet avant d'acheter. En choisissant les fruits et légumes de saison vous paierez moins cher. »

6 **ARRÊT DE MOTEUR EN PLEIN VOL**

Le pilote d'un Boeing qui assurait la liaison Los Angeles-Cincinnati a causé une belle panique parmi ses passagers en arrêtant involontairement les moteurs de l'avion en plein vol. Comme dans un film catastrophe, les hommes et les femmes priaient en voyant monter la mer vers eux. L'appareil a chuté lentement pendant une minute avant que les réacteurs ne puissent être relancés.

7 Le lendemàn, en sortant de l'école, j'allai au bureau de tabac.
(Pagnol: Le Château de ma Mère)

une fourmi: eine Ameise – *javanais* (Sprache in Java) – *remorquant:* ziehend – *pilleur:* Plünderer – *Louis Pasteur* (berühmter Wissenschaftler) – *faire ses humanités:* lat. und griechische Sprache und Literatur lernen – *acquérant:* erwerbend – *la liaison:* die Verbindung – *involontairement:* aus Versehen – *a chuté:* ist gestürzt – *relancés:* wieder gestartet – *varient:* sind unterschiedlich

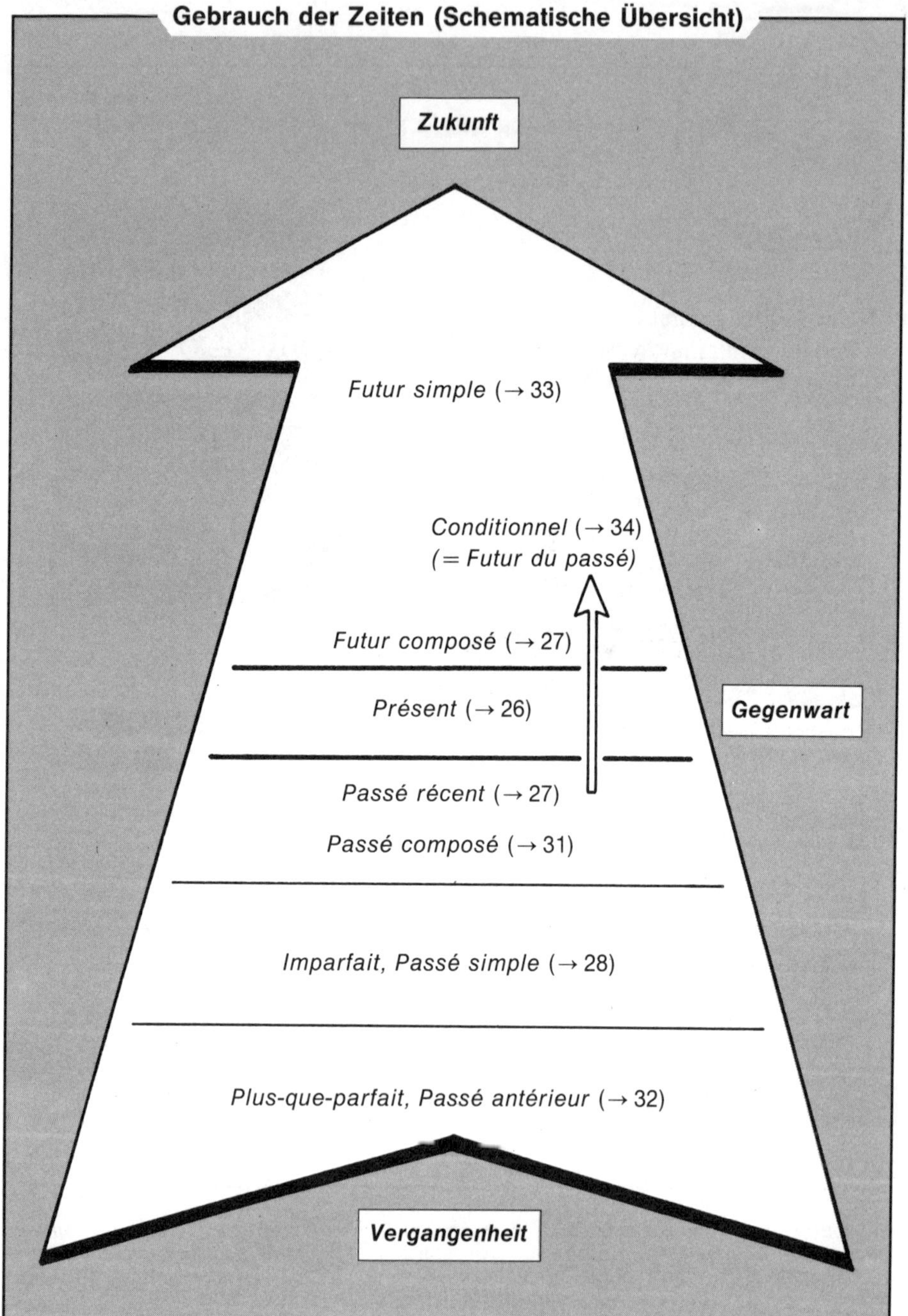
Gebrauch der Zeiten (Schematische Übersicht)
Zukunft
Futur simple (→ 33)
Conditionnel (→ 34)
(= Futur du passé)
Futur composé (→ 27)
Présent (→ 26)
Gegenwart
Passé récent (→ 27)
Passé composé (→ 31)
Imparfait, Passé simple (→ 28)
Plus-que-parfait, Passé antérieur (→ 32)
Vergangenheit

Regelmäßige und unregelmäßige Verben

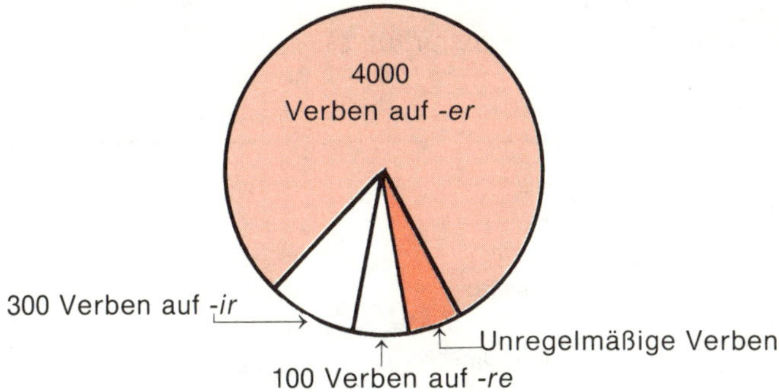

Folgende Verben gehören zu den 100 häufigsten Wörtern in französischen Gesprächen:

Unregelmäßige Verben:	Regelmäßige Verben:
être (1)	
avoir (2)	
faire (19)	
dire (28)	
aller (34)	
voir (43)	
savoir (45)	
pouvoir (55)	
falloir (59)	
vouloir (64)	
venir (76)	
prendre (77)	
	arriver (79)
croire (81)	
mettre (85)	
	passer (86)
devoir (90)	
	parler (96)
	trouver (100)

Aus den beiden Übersichten ist zu erkennen, daß die regelmäßigen Verben auf *-er* zahlenmäßig die größte Gruppe bilden – daß aber einige unregelmäßige Verben zu den am häufigsten gebrauchten französischen Wörtern gehören und deshalb vordringlich gelernt werden müssen.

Verben

40 Regelmäßige Verben (Übersicht)

40.1 Einfache Zeiten *(Temps simples)*

		*parl**er***	*descend**re***	*fin**ir***
Présent	*je*	*parl**e***	*descend**s***	*fin**is***
	tu	*parl**es***	*descend**s***	*fin**is***
	il	*parl**e***	*descend*	*fin**it***
	nous	*parl**ons***	*descend**ons***	*finiss**ons***
	vous	*parl**ez***	*descend**ez***	*finiss**ez***
	ils	*parl**ent***	*descend**ent***	*finiss**ent***
Imparfait	*je*	*parl**ais***	*descend**ais***	*finiss**ais***
	tu	*parl**ais***	*descend**ais***	*finiss**ais***
	il	*parl**ait***	*descend**ait***	*finiss**ait***
	nous	*parl**ions***	*descend**ions***	*finiss**ions***
	vous	*parl**iez***	*descend**iez***	*finiss**iez***
	ils	*parl**aient***	*descend**aient***	*finiss**aient***
Passé simple	*je*	*parl**ai***	*descend**is***	*fin**is***
	tu	*parl**as***	*descend**is***	*fin**is***
	il	*parl**a***	*descend**it***	*fin**it***
	nous	*parl**âmes***	*descend**îmes***	*fin**îmes***
	vous	*parl**âtes***	*descend**îtes***	*fin**îtes***
	ils	*parl**èrent***	*descend**irent***	*fin**irent***
Futur	*je*	*parle**rai***	*descend**rai***	*fini**rai***
	tu	*parle**ras***	*descend**ras***	*fini**ras***
	il	*parle**ra***	*descend**ra***	*fini**ra***
	nous	*parle**rons***	*descend**rons***	*fini**rons***
	vous	*parle**rez***	*descend**rez***	*fini**rez***
	ils	*parle**ront***	*descend**ront***	*fini**ront***
Conditionnel	*je*	*parle**rais***	*descend**rais***	*fini**rais***
	tu	*parle**rais***	*descend**rais***	*fini**rais***
	il	*parle**rait***	*descend**rait***	*fini**rait***
	nous	*parle**rions***	*descend**rions***	*fini**rions***
	vous	*parle**riez***	*descend**riez***	*fini**riez***
	ils	*parle**raient***	*descend**raient***	*fini**raient***

40.2 Zusammengesetzte Zeiten *(Temps composés)*

Passé composé	*il*	***a*** *parlé* ...	***est*** *descend**u*** ...	***a*** *fini* ...
Plus-que-parfait	*il*	***avait*** *parlé* ...	***était*** *descend**u*** ...	***avait*** *fini* ...
Passé antérieur	*il*	***eut*** *parlé* ...	***fut*** *descend**u*** ...	***eut*** *fini* ...
Futur antérieur	*il*	***aura*** *parlé* ...	***sera*** *descend**u*** ...	***aura*** *fini* ...
Conditionnel passé	*il*	***aurait*** *parlé* ...	***serait*** *descend**u*** ...	***aurait*** *fini* ...

(Gebrauch von *avoir* oder *être* → 29)

40.3 *Subjonctif*

Subjonctif présent	*que je* *que tu* *qu'il* *que nous* *que vous* *qu'ils*	*parle* *parl**es*** *parle* *parl**ions*** *parl**iez*** *parl**ent***	*descende* *descend**es*** *descende* *descend**ions*** *descend**iez*** *descend**ent***	*finisse* *finiss**es*** *finisse* *finiss**ions*** *finiss**iez*** *finiss**ent***
Subjonctif imparfait	*que je* *que tu* *qu'il* *que nous* *que vous* *qu'ils*	*parl**asse*** *parl**asses*** *parl**ât*** *parl**assions*** *parl**assiez*** *parl**assent***	*descend**isse*** *descend**isses*** *descend**ît*** *descend**issions*** *descend**issiez*** *descend**issent***	*finisse* *finisses* *fin**ît*** *finissions* *finissiez* *finissent*
Subjonctif passé	*qu'il*	***ait*** *parlé* ...	***soit*** *descend**u*** ...	***ait*** *fini* ...
Subjonctif plus-que-parfait	*qu'il*	***eût*** *parlé* ...	***fût*** *descend**u*** ...	***eût*** *fini* ...

40.4 Zusammengesetzte Zeiten

Passé composé	*j'*	*ai fini*
Plus-que-parfait	*j'*	*avais fini*
Futur antérieur	*j'*	*aurai fini*
Conditionnel passé	*j'*	*aurais fini*
Subjonctif passé	*que j'*	*aie fini*

Temps surcomposés:

40.5 Besonderheiten bei den Verben auf -er

		commencer[1]	*manger*[2]	*appeler*[3]	*jeter*[4]
Présent	*je/j'*	*commence*	*mange*	*appe**ll**e*	*je**tt**e*
	tu	*commences*	*manges*	*appe**ll**es*	*je**tt**es*
	il	*commence*	*mange*	*appe**ll**e*	*je**tt**e*
	nous	*commen**ç**ons*	*man**ge**ons*	*appelons*	*jetons*
	vous	*commencez*	*mangez*	*appelez*	*jetez*
	ils	*commencent*	*mangent*	*appe**ll**ent*	*je**tt**ent*
Imparfait	*je/j'*	*commen**ç**ais*	*man**ge**ais*	(Regelmäßig)	
	tu	*commen**ç**ais*	*man**ge**ais*		
	il	*commen**ç**ait*	*man**ge**ait*		
	nous	*commencions*	*mangions*		
	vous	*commenciez*	*mangiez*		
	ils	*commen**ç**aient*	*man**ge**aient*		
Passé simple	*il*	*commen**ç**a…*	*man**ge**a…*	(Regelmäßig)	
	ils	*commencèrent…*	*mangèrent…*		
Futur	*je/j'*	(Regelmäßig)		*appe**ll**erai*	*je**tt**erai*
	tu			*appe**ll**eras*	*je**tt**eras*
	il			*appe**ll**era*	*je**tt**era*
	nous			*appe**ll**erons*	*je**tt**erons*
	vous			*appe**ll**erez*	*je**tt**erez*
	ils			*appe**ll**eront*	*je**tt**eront*
Conditionnel	*je/j'*	(Regelmäßig)		*appe**ll**erais…*	*je**tt**erais…*
Participe présent		*commen**ç**ant*	*man**ge**ant*	(Regelmäßig)	

Ebenso: [1] *annoncer* (ankündigen), *avancer* (vorrücken), *s'efforcer* (sich bemühen), *exercer* (üben), *forcer* (zwingen), *menacer* (drohen), *prononcer* (aussprechen), *remplacer* (ersetzen)…

[2] *bouger* (bewegen), *changer* (wechseln), *déranger* (stören), *se diriger* (Richtung einschlagen), *envisager* (planen), *exiger* (fordern), *interroger* (befragen), *juger* (urteilen), *nager* (schwimmen), *négliger* (vernachlässigen), *obliger* (verpflichten), *partager* (teilen), *soulager* (erleichtern), *se venger* (sich rächen), *voyager* (reisen)…

[3] *épeler* (buchstabieren), *ficeler* (verschnüren), *morceler* (zerstückeln), *rappeler* (erinnern), *renouveler* (erneuern), *ruisseler* (triefen)…

[4] *feuilleter* (blättern), *projeter* (planen), *rejeter* (zurückweisen), *souffleter* (ohrfeigen)…

ABER: *regretter* (bedauern) wird immer mit -tt- geschrieben.

acheter[5]	*espérer*[6]	*employer*[7]	*payer*[8]
achète	*espère*	*emploie*	*paie* [pɛ] / *paye* [pɛj]
achètes	*espères*	*emploies*	*paies* / *payes*
achète	*espère*	*emploie*	*paie* / *paye*
achetons	*espérons*	*employons*	*payons*
achetez	*espérez*	*employez*	*payez*
achètent	*espèrent*	*emploient*	*paient* / *payent*
		(Regelmäßig)	
		(Regelmäßig)	
achèterai	*espérerai**	*emploierai*	*paierai* / *payerai*
achèteras	*espéreras*	*emploieras*	*paieras* / *payeras*
achètera	*espérera*	*emploiera*	*paiera* / *payera*
achèterons	*espérerons*	*emploierons*	*paierons* / *payerons*
achèterez	*espérerez*	*emploierez*	*paierez* / *payerez*
achèteront	*espéreront*	*emploieront*	*paieront* / *payeront*
achèterais ...	*espérerais** ...	*emploierais* ...	*paierais* / *payerais* ...
		(Regelmäßig)	

[5] *achever* (vollenden), *geler* (gefrieren), *lever* (hochheben), *mener* (führen), *peler* (schälen), *peser* (wiegen), *se promener* (spazierengehen) ...

[6] *céder* (nachgeben), *compléter* (vervollständigen), *énumérer* (aufzählen), *exagérer* (übertreiben), *s'inquiéter* (sich beunruhigen), *pénétrer* (eindringen), *posséder* (besitzen), *préférer* (vorziehen), *répéter* (wiederholen) ...

[7] *aboyer* (bellen), *appuyer* (stützen), *ennuyer* (langweilen), *envoyer* ⚠ Futur: *il enve**rr**a* (schicken), *essuyer* (abwischen), *nettoyer* (saubermachen) ...

[8] *balayer* (fegen), *effrayer* (erschrecken), *essayer* (versuchen) ...

* Im Futur und im Konditional kann *é* oder *è* geschrieben werden:
*j'esp**é**rerai* / *j'esp**è**rerai.* – Beides wird [ɛ] gesprochen (→ 47.2).
Tolérances (1976), Nr. 31.

41 Hilfsverben *avoir* und *être* (Übersicht)

41.1 Einfache Zeiten *(Temps simples)*

		avoir	*être*
Présent	*j'/je*	***ai*** [ʒe]	***suis***
	tu	***as***	***es***
	il	***a***	***est***
	nous	*av**ons***	***sommes***
	vous	*av**ez***	***êtes*** ⚠
	ils	***ont***	***sont***
Imparfait	*j'*	*av**ais***	***étais*** [etɛ] / [ɛtɛ]
	tu	*av**ais***	***étais***
	il	*av**ait***	***était***
	nous	*av**ions***	***étions***
	vous	*av**iez***	***étiez***
	ils	*av**aient***	***étaient***
Passé simple	*j'/je*	***eus***	***fus***
	tu	***eus***	***fus***
	il	***eut***	***fut***
	nous	***eûmes***	***fûmes***
	vous	***eûtes***	***fûtes***
	ils	***eurent***	***furent***
Futur	*j'/je*	***aurai*** [-e/-ɛ]	***serai***
	tu	***auras***	***seras***
	il	***aura***	***sera***
	nous	***aurons***	***serons***
	vous	***aurez***	***serez***
	ils	***auront***	***seront***
Conditionnel	*j'/je*	***aurais***	***serais***
	tu	***aurais***	***serais***
	il	***aurait***	***serait***
	nous	***aurions***	***serions***
	vous	***auriez***	***seriez***
	ils	***auraient***	***seraient***

41.2 **Zusammengesetzte Zeiten** *(Temps composés)*

Passé composé	*il*	*a* ***eu*** ...	*a* ***été***[1] ...
Plus-que-parfait	*il*	*avait* ***eu*** ...	*avait* ***été*** ...
Passé antérieur	*il*	*eut* ***eu*** ...	*eut* ***été*** ...
Futur antérieur	*il*	*aura* ***eu*** ...	*aura* ***été*** ...
Conditionnel passé	*il*	*aurait* ***eu*** ...	*aurait* ***été*** ...

[1] *été* ist immer unveränderlich.

41.3 ***Subjonctif***

Subjonctif présent	*que j'/je* *que tu* *qu'il* *que nous* *que vous* *qu'ils*	***aie*** ***aies*** ***ait*** ***ayons*** ***ayez*** ***aient***	***sois*** ***sois*** ***soit*** ***soyons*** ***soyez*** ***soient***
Subjonctif imparfait	*que j'/je* *que tu* *qu'il* *que nous* *que vous* *qu'ils*	***eusse*** ***eusses*** ***eût*** ***eussions*** ***eussiez*** ***eussent***	***fusse*** ***fusses*** ***fût*** ***fussions*** ***fussiez*** ***fussent***
Subjonctif passé	*qu'il*	*ait* ***eu*** ...	*ait* ***été*** ...
Subjonctif plus-que-parfait	*qu'il*	*eût* ***eu*** ...	*eût* ***été*** ...

Verben

42 Unregelmäßige Verben *(Verbes irréguliers)*

Infinitif	Présent			
	je/j'...	*il...*	*nous...*	*ils...*
aller	*vais, tu vas*	*va*	*allons*	*vont*
s'asseoir	*m'assois* (*m'assieds*)	*s'asseoit* (*s'assied*)	*nous asseyons* (*ns assoyons*)	*s'assoient* (*s'asseyent*)
battre	*bats*	*bat*	*battons*	*battent*
boire	*bois*	*boit*	*buvons*	*boivent*
conduire	*conduis*	*conduit*	*conduisons*	*conduisent*
connaître	*connais*	*connaît*	*connaissons*	*connaissent*
conquérir	*conquiers*	*conquiert*	*conquérons*	*conquièrent*
courir	*cours*	*court*	*courons*	*courent*
craindre	*crains*	*craint*	*craignons*	*craignent*
croire	*crois*	*croit*	*croyons*	*croient*
devoir	*dois*	*doit*	*devons*	*doivent*
dire	*dis*	*dit*	*disons* ⚠ *vous dites*	*disent*
dormir	*dors*	*dort*	*dormons*	*dorment*
écrire	*écris*	*écrit*	*écrivons*	*écrivent*
faire	*fais*	*fait*	*faisons* ⚠ *vous faites*	*font*
falloir	–	*il faut*	–	–
fuir	*fuis*	*fuit*	*fuyons*	*fuient*
lire	*lis*	*lit*	*lisons*	*lisent*
mentir	*mens*	*ment*	*mentons*	*mentent*
mettre	*mets*	*met*	*mettons*	*mettent*
mourir	*meurs*	*meurt*	*mourons*	*meurent*
naître	–	*naît*	–	*naissent*

Wie **conduire:** *construire, déduire, produire, réduire.*
Wie **connaître:** *reconnaître.*
Wie **craindre:** *atteindre, éteindre, joindre, plaindre.*
Wie **dire:** *contredire (⚠ vous contredi**sez**), interdire (⚠ vous interdi**sez**), prédire (⚠ vous prédi**sez**).*

Prés. subj.	Futur	Passé simple	Passé composé	
qu'il ...	*il ...*	*il ...*	*il ...*	
aille	*ira*	*alla*	*est allé*	gehen, fahren
s'asseye	*s'assiéra (s'assoira)*	*s'assit*	*s'est assis*	sich setzen
batte	*battra*	*battit*	*a battu*	schlagen
boive	*boira*	*but*	*a bu*	trinken
que nous buvions				
conduise	*conduira*	*conduisit*	*a conduit*	lenken, leiten
connaisse	*connaîtra*	*connut*	*a connu*	kennen
conquière	*conquerra*	*conquit*	*a conquis*	erobern
coure	*courra*	*courut*	*a couru*	laufen
craigne	*craindra*	*craignit*	*a craint*	fürchten
croie	*croira*	*crut*	*a cru*	glauben
que nous croyions				
doive	*devra*	*dut*	*a dû, due*	müssen
que nous devions				
dise	*dira*	*dit*	*a dit*	sagen
dorme	*dormira*	*dormit*	*a dormi*	schlafen
écrive	*écrira*	*écrivit*	*a écrit*	schreiben
fasse	*fera*	*fit*	*a fait*	machen
faille	*faudra*	*fallut*	*a fallu*	nötig sein
fuie	*fuira*	*fuit*	*a fui*	flüchten
que nous fuyions				
lise	*lira*	*lut*	*a lu*	lesen
mente	*mentira*	*mentit*	*a menti*	lügen
mette	*mettra*	*mit*	*a mis*	setzen, legen
meure	*mourra*	*mourut*	*est mort*	sterben
que nous mourions				
naisse	*naîtra*	*naquit*	*est né*	geboren werden

Wie ***écrire:*** *décrire, inscrire.*
Wie ***faire:*** *refaire.*
Wie ***falloir:*** *valoir.*
Wie ***lire:*** *élire, relire.*
Wie ***mettre:*** *permettre, promettre, remettre.*

Verben

Infinitif	Présent			
	je/j' …	*il …*	*nous …*	*ils …*
ouvrir	*ouvre, tu ouvres*	*ouvre*	*ouvrons*	*ouvrent*
paraître	*parais*	*paraît*	*paraissons*	*paraissent*
partir	*pars*	*part*	*partons*	*partent*
plaire	*plais*	*plaît*	*plaisons*	*plaisent*
pleuvoir	–	*pleut*	–	–
pouvoir	***peux*** ⚠ Frage: *puis-je*	*peut*	*pouvons*	*peuvent*
prendre	*prends*	*prend*	*prenons*	*prennent*
recevoir	*reçois*	*reçoit*	*recevons*	*reçoivent*
rire	*ris*	*rit*	*rions*	*rient*
savoir	*sais* ⚠ Participe présent: *sachant*	*sait*	*savons*	*savent*
sentir	*sens*	*sent*	*sentons*	*sentent*
servir	*sers*	*sert*	*servons*	*servent*
sortir	*sors*	*sort*	*sortons*	*sortent*
suffire	*suffis*	*suffit*	*suffisons*	*suffisent*
suivre	*suis*	*suit*	*suivons*	*suivent*
taire	*tais*	*tait*	*taisons*	*taisent*
tenir	*tiens*	*tient*	*tenons*	*tiennent*
vaincre	*vaincs*	*vainc*	*vainquons*	*vainquent*
vendre	*vends*	*vend*	*vendons*	*vendent*
venir	*viens*	*vient*	*venons*	*viennent*
vivre	*vis*	*vit*	*vivons*	*vivent*
voir	*vois*	*voit*	*voyons*	*voient*
vouloir	*veux* ⚠	*veut*	*voulons*	*veulent*

Wie ***ouvrir:*** *couvrir, offrir, recouvrir, souffrir.*
Wie ***paraître:*** *disparaître.*
Wie ***partir:*** *repartir.*
Wie ***prendre:*** *apprendre, comprendre, reprendre.*
Wie ***recevoir:*** *apercevoir, décevoir.*

Prés. subj.	Futur	Passé simple	Passé composé	
qu'il . . .	*il . . .*	*il . . .*	*il . . .*	
ouvre	*ouvrira*	*ouvrit*	*a ouvert*	öffnen
paraisse	*paraîtra*	*parut*	*a paru*	erscheinen
parte	*partira*	*partit*	*est parti*	weggehen, wegfahren
plaise	*plaira*	*plut*	*a plu*	gefallen
pleuve	*pleuvra*	*plut*	*a plu*	regnen
puisse	*pourra*	*put*	*a pu*	können
prenne	*prendra*	*prit*	*a pris*	nehmen
que nous prenions				
reçoive	*recevra*	*reçut*	*a reçu*	bekommen
que nous recevions				
rie	*rira*	*rit*	*a ri*	lachen
sache	*saura*	*sut*	*a su*	wissen
sente	*sentira*	*sentit*	*a senti*	fühlen
serve	*servira*	*servit*	*a servi*	dienen
sorte	*sortira*	*sortit*	*est sorti*	hinausgehen
suffise	*suffira*	*suffit*	*a suffi*	genügen
suive	*suivra*	*suivit*	*a suivi*	folgen
taise	*taira*	*tut*	*a tu*	verschweigen
tienne	*tiendra*	*tint*	*a tenu*	halten
vainque	*vaincra*	*vainquit*	*a vaincu*	besiegen
vende	*vendra*	*vendit*	*a vendu*	verkaufen
vienne	*viendra*	*vint*	*est venu*	kommen
que nous venions				
vive	*vivra*	*vécut*	*a vécu*	leben
voie	*verra*	*vit*	*a vu*	sehen
que nous voyions				
veuille	*voudra*	*voulut*	*a voulu*	wollen
que nous voulions				

Wie **rire:** *sourire.*
Wie **tenir:** *entretenir, retenir.*
Wie **vaincre:** *convaincre.*
Wie **vendre:** *rendre.*
Wie **venir:** *devenir, prévenir, revenir, se souvenir.*
Wie **voir:** *prévoir (⚠ il prévoira), revoir.*

■ Un petit garçon rentre de l'école et sa maman lui demande ce qu'il a fait.
– J'ai li.
– Ah ! non, dit sa maman. On ne dit pas j'ai li, mais j'ai lu... et puis qu'as-tu fait d'autre ?
– J'ai écru ! ! !

43 Verb + Objekt, Verb + Infinitiv

Der Gebrauch der Präpositionen zwischen Verb und Objekt und zwischen Verb und Infinitiv ist ein umfangreicher Stoff, der nur im Wörterbuch vollständig behandelt werden kann.

Dort ist der Gebrauch der Präpositionen direkt angegeben, oder er kann aus den Beispielen erschlossen werden:

Direkte Angabe:		Zu erschließen:
~ qc	**apprendre** *v.* (j'apprends, il apprend, nous apprenons, ils apprennent; il apprit; il a appris) **1.** Être informé; CONTR. ignorer: *~ qc, ~ une nouvelle, ~ que* + ind.	*apprendre qc*
	2. Chercher à avoir des connaissances: *~ à écrire, ~ une langue étrangère, ~ sa leçon/le texte par cœur, ~ un métier.*	*apprendre à faire*
~ qc à qn *~ à qn que …*	**3.** Donner la connaissance à un autre, enseigner: *le professeur apprend à chanter aux élèves, ~ à qn à jouer aux cartes.* **4.** Informer: *~ qc à qn, je lui ai appris la mort de son père, ~ à qn que* + ind.	*apprendre à qn à faire qc* *apprendre qc à qn*
~ qc à qn	**répondre** *v.* **1.** Parler à qn qui a posé une question, donner une réponse; CONTR. demander, interroger: *~ par oui/par non, ~ qc à qn, ~ à une question/à une lettre/à des objections/à un salut, ~ que* + ind. **2.** Être d'accord/conforme: *cette proposition répond à mes désirs.*	*répondre à qc*
	3. S'engager, garantir: *je réponds de lui, je ne réponds de rien.*	*répondre de qn/de qc*

Die Beispiele stammen aus dem "Dictionnaire scolaire du français", („DISCO") (Langenscheidt-Hachette 46 500)

43.1
Verben mit *à, de* oder ohne Präposition

Die folgende Liste enthält eine Auswahl von Verben, bei denen sehr häufig Fehler gemacht werden:

aider ∧ *qn/qc*	*J'aide mon ami.* *Je l'aide.*	Ich helfe meinem Freund. Ich helfe ihm.
aider *qn* ***à*** *faire qc*	*Je l'aide à faire ses devoirs.*	Ich helfe ihm, seine Schularbeiten zu machen.

Aidez la Croix-Rouge

apercevoir *qc/qn*	*J'aperçois un taxi.* *J'aperçois mon ami.*	Ich erblicke ein Taxi. Ich erblicke meinen Freund.
s'apercevoir de *qc*	*Je me suis aperçu de mon erreur.*	Ich habe meinen Irrtum bemerkt.
avoir besoin de *qc*	*J'ai besoin de votre aide.* *Elle a besoin d'argent.* *Elle me réclame l'argent dont elle a besoin.*	Ich brauche Ihre Hilfe. Sie braucht Geld. Sie bittet mich um das Geld, das sie braucht.
avoir peur de *faire qc* ***avoir peur de*** *qc/**de** qn* ***craindre*** *qc/qn*	*Elle a peur de tomber.* *As-tu peur du chien?* *Je crains la chaleur.*	Sie hat Angst zu fallen. Hast du Angst vor dem Hund? Ich fürchte die Hitze.
commencer *qc* ***commencer à*** *faire qc* ***commencer par*** *faire qc*	*Je commence mon travail.* *Je commence à travailler.* *Nous commençons par lire le texte.*	Ich fange mit meiner Arbeit an. Ich fange an zu arbeiten. Wir lesen zunächst den Text.
croire∧ *qn* ***croire*** *qc* ***croire à*** *qc*	*Je crois cet homme.* *Je crois cette histoire.* *croire à la liberté, à la paix* *croire **au** diable* *croire **en** Dieu*	Ich glaube diesem Mann. Ich glaube diese Geschichte. an die Freiheit, an den Frieden glauben an den Teufel glauben an Gott glauben
croire∧ *faire qc*	*Elle croyait rêver.*	Sie glaubte zu träumen.
décider de *faire qc*	*Sandrine décide de venir.*	Sandrine beschließt zu kommen.
être décidé à *faire qc*	*Elle est décidée à venir.*	Sie ist entschlossen zu kommen.
se décider à *faire qc*	*Elle se décide à venir.*	Sie entschließt sich zu kommen.
décider qn à *faire qc*	*Elle décide Olivier à venir aussi.*	Sie veranlaßt Olivier, auch zu kommen.
demander à *qn* ***demander*** *qc **à** qn*	*Demandez à M. Dubois.* *Le touriste demande son chemin à un passant.*	Fragen Sie Herrn Dubois. Der Tourist fragt einen Passanten nach dem Weg.
demander à *qn* ***de*** *faire qc*	*Olivier demande à son père de lui donner de l'argent.*	Olivier bittet seinen Vater, ihm Geld zu geben.
prier∧ *qn **de** faire qc*	*Il le prie de lui donner de l'argent.*	Er bittet ihn, ihm Geld zu geben.

finir *qc* ***finir de*** *faire qc* ***finir par*** *faire qc*	*Je finis mon travail.* *Je finis de travailler.* *Olivier finit par écrire à son oncle.*	Ich beende meine Arbeit. Ich höre auf zu arbeiten. Olivier schreibt schließlich an seinen Onkel.
intéresser *qn* ***s'intéresser à*** *qc/**à** qn*	*Ce livre intéresse les lecteurs.* *Le livre les intéresse.* *Il s'intéresse à la politique.* *Je m'intéresse au sport.* *Il s'intéresse à elle.*	Dieses Buch interessiert die Leser. Das Buch interessiert sie. Er interessiert sich für Politik. Ich interessiere mich für Sport. Er interessiert sich für sie.
jouer avec *qn/**avec** qc* ***jouer à*** *qc* ***jouer d'****un instrument* ***jouer*** *qc*	*Sandrine joue avec sa sœur.* *Elles jouent avec leurs poupées.* *jouer aux cartes* *jouer au tennis* *jouer du piano* *jouer du violon* *jouer du Mozart* *L'acteur joue un rôle.*	Sandrine spielt mit ihrer Schwester. Sie spielen mit ihren Puppen. Karten spielen Tennis spielen Klavier spielen Geige spielen Mozart spielen Der Schauspieler spielt eine Rolle.
manquer de *qc* ***manquer*** *qc* ***manquer de*** *faire qc*	*Nous manquons de vin.* *J'ai manqué une bonne occasion.* *Elle a manqué de tomber.*	Uns fehlt Wein. Ich habe eine gute Gelegenheit verpaßt. Sie ist fast hingefallen.
marier *qn **à** qn* ***se marier avec*** *qn* ***épouser*** *qn*	*M. Dubois marie sa fille à un médecin.* *Elle se marie avec un médecin*[1]*.* *Il épouse une femme riche.*	Herr Dubois verheiratet seine Tochter mit einem Arzt. Sie heiratet einen Arzt. Er heiratet eine reiche Frau.
mentir à *qn*	*Jean-Paul a menti à son père.*	Jean-Paul hat seinen Vater belogen.
obliger *qn **à** faire qc* ***être obligé de*** *faire qc*	*On m'oblige à accepter cette proposition.* *Suis-je obligé d'attendre?*	Man drängt mich, den Vorschlag anzunehmen. Bin ich verpflichtet zu warten?

[1] *Elle se marie **à** un médecin* ist auch möglich.

occuper *qn*	*Le jeu occupe les enfants.*	Das Spiel beschäftigt die Kinder.
être occupé à *qc*	*Il est occupé à son jardin.*	Er ist mit seinem Garten beschäftigt.
s'occuper de *qc*/**de** *qn*	*Leur père s'occupe du jardin.*	Ihr Vater beschäftigt sich mit dem Garten.
s'occuper de *faire qc*	*Il s'occupe d'acheter les billets.*	Er kümmert sich darum, die Fahrkarten zu kaufen.
parler à *qn* **de** *qc*	*Elle parle de son voyage à son ami.*	Sie spricht mit ihrem Freund von ihrer Reise.
raconter *qc*	*Elle raconte son voyage.*	Sie erzählt von ihrer Reise.
répondre à *qn*/**à** *qc*	*Sandrine répond à Olivier.* *Elle répond à sa question.*	Sandrine antwortet Olivier. Sie antwortet auf seine Frage.
se souvenir de *qc*/**de** *qn*	*Je me souviens de cette soirée.* *Je me souviens de Pierre.*	Ich erinnere mich an diesen Abend. Ich erinnere mich an Peter.
se rappeler∧ *qc*	*Je me rappelle les détails.*	Ich erinnere mich an die Einzelheiten.
se rappeler∧ *avoir fait qc*	*Je me rappelle avoir vu cet homme.*	Ich erinnere mich, diesen Mann gesehen zu haben.
rappeler *qc* **à** *qn*	*Elle rappelle à son père sa promesse.*	Sie erinnert ihren Vater an sein Versprechen.
téléphoner à *qn*	*Je téléphone à Nicole.*	Ich telefoniere mit Nicole.
venir∧ *faire qc*	*Je viens voir mes amis.*	Ich komme meine Freunde besuchen.
venir de *faire qc* (→ 27)	*Je viens de voir Eric.*	Ich habe gerade Erich gesehen.

Un thon téléphone à une sardine :
— Allô ?
— Non, à l'huile.

(Femme actuelle)

---

le thon: der Thunfisch – *allô* = *à l'eau*

43.2
de ≈ über

discuter *qc/**de** qc*	*Les députés ont discuté le projet.* *On discute souvent de politique au café.*	Die Abgeordneten haben **über** das Projekt diskutiert. Man diskutiert oft im Café **über** Politik.
s'entretenir de *qc*	*Ils s'entretiennent de la situation économique.*	Sie unterhalten sich **über** die wirtschaftliche Lage.
s'étonner de *qc* ***être étonné de*** *qc*	*Je ne m'étonne de rien.* *Je suis étonné du contenu de sa lettre.*	Ich wundere mich **über** gar nichts. Ich bin **über** den Inhalt seines Briefes erstaunt.
*(s')**informer de** qc*	*Je me suis informé de l'heure du départ.*	Ich habe mich **über** die Abfahrtszeit informiert.
se moquer de *qn*	*On se moque de Pierre.*	Man macht sich **über** Pierre lustig.
parler de *qc*	*Nous avons parlé de leur voyage.*	Wir haben **über** ihre Reise gesprochen.
	« Avec Mitterrand, on peut parler de tout, de philosophie grecque comme de bricolage, de cinéma américain comme de gastronomie. »	
se plaindre de *qc*	*Elle se plaint d'un fort mal de tête.*	Sie beklagt sich **über** starke Kopfschmerzen.
prévenir *qn **de** qc*	*Il m'a prévenu de son absence.*	Er hat mich **über** seine Abwesenheit in Kenntnis gesetzt.
se réjouir de *qc*	*Je me réjouis de ce bon résultat.*	Ich freue mich **über** dieses gute Ergebnis.
se rendre compte de *qc*	*Il se rend compte de son état.*	Er wird sich klar **über** seinen Zustand.
rire de *qc*	*On rit de cette plaisanterie.*	Man lacht **über** diesen Witz.

Mitterrand: französischer Präsident – *bricolage:* Basteln

43.3
Verben + Infinitiv

Diese Liste enthält die häufigsten französischen Verben + Infinitiv, wenn sie nicht bereits in den Abschnitten 43.1 und 43.2 aufgeführt worden sind.

aimer∧ *faire qc*[1]	*J'aime voyager*[1].	Ich mag reisen.
désirer∧ *faire qc*	*Monsieur le directeur désire vous parler.*	Der Herr Direktor wünscht Sie zu sprechen.
devoir∧ *faire qc*	*Je dois attendre.*	Ich muß warten.
entendre∧ *faire qc*	*J'entends parler.*	Ich höre sprechen.
espérer∧ *faire qc*	*J'espère revoir bientôt mes amis.*	Ich hoffe, meine Freunde bald wiederzusehen.
il faut∧ *faire qc*	*Il faut se dépêcher.*	Man muß sich beeilen.
s'imaginer∧ *faire qc*	*Elle s'imagine pouvoir vivre à Paris.*	Sie stellt sich vor, in Paris leben zu können.
laisser∧ *faire qc*	*Elle laisse ses enfants jouer dans la rue.*	Sie läßt ihre Kinder auf der Straße spielen.
oser∧ *faire qc*	*J'ai osé lui dire la vérité.*	Ich wagte es, ihm die Wahrheit zu sagen.
paraître∧ *faire qc*	*Elle paraît douter d'elle même.*	Sie scheint an sich selber zu zweifeln.
penser∧ *faire qc*	*Elle pense aller demain à Paris.*	Sie gedenkt, morgen nach Paris zu fahren.
pouvoir∧ *faire qc*	*Tu peux entrer.*	Du kannst hereinkommen.
préférer∧ *faire qc* *que* **de** *faire qc*	*Je préfère aller au cinéma que de rester ici.*	Ich gehe lieber ins Kino als hierzubleiben
savoir∧ *faire qc*	*Sais-tu conduire?*	Kannst du Auto fahren?
sembler∧ *faire qc*	*Elle semble regretter ses paroles.*	Sie scheint ihre Worte zu bedauern.
il vaut∧ **mieux** *faire qc*	*Il vaut mieux rester ici.*	Es ist besser, hierzubleiben.
vouloir∧ *faire qc*	*Olivier veut réussir.*	Olivier will Erfolg haben.

[1] *J'aime à voyager* ist auch möglich.

43.4
Verben + à + Infinitiv

Diese Liste enthält die häufigsten französischen Verben + *à* + Infinitiv, wenn sie nicht bereits in den Abschnitten 43.1 und 43.2 aufgeführt worden sind.

s'amuser à *faire qc*	*Elle s'amuse à tirer la queue du chat.*	Sie vergnügt sich damit, die Katze am Schwanz zu ziehen.
apprendre à *faire qc*	*Didier apprend à nager.*	Didier lernt schwimmen.
avoir à *faire qc*	*J'ai à écrire.*	Ich habe zu schreiben.
chercher à *faire qc*	*Je cherche à comprendre.* • Jeune fille 22 ans, cherche à garder enfants, juil. et août. Tél. 46.05.64.[redacted]. (Charentais annonce)	Ich versuche zu verstehen.
continuer à *faire qc*	*Il continue à jouer.*	Er spielt weiter.
être prêt à *faire qc*	*On est prêt à commencer.*	Man ist bereit anzufangen.
hésiter à *faire qc*	*Elle hésite à tout lui dire.*	Sie zögert, ihm alles zu sagen.
inviter à *faire qc*	*Olivier invite Sandrine à danser.*	Olivier lädt Sandrine zum Tanzen ein.
offrir à	*Il lui offre à boire.*	Er bietet ihr zu trinken an.
se préparer à *faire qc*	*Je me prépare à partir.*	Ich bereite mich vor, wegzufahren.
recommencer à *faire qc*	*Je recommence à travailler.*	Ich fange wieder zu arbeiten an.
se remettre à *faire qc*	*Je me remets à jouer au tennis.*	Ich fange wieder mit Tennisspielen an.
il reste à *faire qc*	*Il reste encore à nettoyer la cuisine.*	Es bleibt noch, die Küche sauberzumachen.
réussir à *faire qc*	*On a réussi à sauver le blessé.*	Es ist gelungen, den Verletzten zu retten.
servir à *faire qc*	*Cet appareil sert à faire des crêpes.*	Dieser Apparat dient dazu, Eierkuchen zu machen.

43.5
Verben + *de* + Infinitiv

Diese Liste enthält die häufigsten französischen Verben + *de* + Infinitiv, wenn sie nicht bereits in den Abschnitten 43.1 und 43.2 aufgeführt worden sind.

***s'arrêter de** faire qc*	*Elle s'arrête de pleurer.*	Sie hört auf zu weinen.
***cesser de** faire qc*	*Cessez de parler tous à la fois.*	Hört auf, alle gleichzeitig zu reden.
***choisir de** faire qc*	*Il choisit de rester.*	Er zieht es vor zu bleiben.
***empêcher** qn **de** faire qc*	*Elle empêche son frère de lire.*	Sie hindert ihren Bruder am Lesen.
***essayer de** faire qc*	*Elle essaie de dormir.*	Sie versucht zu schlafen.
***ne pas manquer de** faire qc*	*Je ne manquerai pas d'aller voir Nicole demain.*	Ich versäume nicht, Nicole morgen zu besuchen.
***offrir** à qn **de** faire qc*	*Elle lui offre de l'aider.*	Sie bietet ihm an, ihm zu helfen.
***ordonner** à qn **de** faire qc*	*On lui a ordonné d'attendre ici.*	Man befahl ihm, hier zu warten.
***oublier de** faire qc*	*J'ai oublié d'informer les autres.*	Ich habe vergessen, die anderen zu informieren.
***permettre** à qn **de** faire qc*	*Son père lui permet de prendre la voiture.*	Sein Vater erlaubt ihm, das Auto zu nehmen.
***se plaindre de** faire qc*	*Elle se plaint de trop travailler.*	Sie beklagt sich, zuviel arbeiten zu müssen.
***refuser de** faire qc*	*L'enfant refuse d'obéir.*	Das Kind weigert sich zu gehorchen.
***remercier** qn **de** faire qc*	*Je remercie mon oncle de m'avoir invité.*	Ich danke meinem Onkel, daß er mich eingeladen hat.
***risquer de** faire qc*	*Tu risques de te faire mal.*	Du riskierst, dir wehzutun.
***il suffit de** faire qc*	*Il suffit de téléphoner.*	Es reicht aus zu telefonieren.

test

A. Sauvageot (Français écrit – français parlé, Paris, page 125) cite quelques phrases "fausses". – Où sont les fautes?

1 Il faut accorder à l'athlétisme l'espace vital qu'il a besoin. (Radio France III)

2 Il l'a mariée. (= Alain a épousé Chantal.) (Langue populaire)

3 Je me rappellerai de cette journée.
("Partout, on n'entend plus que cela.")

4 Il aime à se promener.

Partikeln

(Mots-outils, mots de liaison)

44 Präposition

La préposition	die Präposition, das Verhältniswort
à, avec, dans, de, *par, pour, sous, sur ...*	an, mit, in, von, durch, für, unter, über ...

La locution prépositive	der präpositionale Ausdruck
à cause de, à côté de, *au lieu de ...*	wegen, neben, anstatt ...

(Verb + Präposition → 43)

44.1
Wiederholung der Präpositionen *à, de, en* im Satz

*Olivier écrit **à** sa mère et*
***à** Sandrine.*
*Il parle **de** son voyage et*
***de** ses projets.*
*J'aime voyager **en** France et*
***en** Espagne.*

Die Präpositionen *à, de, en* werden vor jedem Beziehungswort wiederholt.

44.2
Präpositionen ohne Beziehungswort

- *Je suis **pour** (le projet).*
  *Les autres sont **contre.***
  *Sandrine part, et Olivier court **après.***

Un chauffeur de taxi, M. Jean-Marc Lemoine, trente-trois ans qui avait pris en charge « deux clients » aux Champs-Elysées pour les conduire à Ablon (94), n'a plus ni portefeuille, ni véhicule. Au terme de la course, les deux hommes ont sorti des armes et ont fait descendre M. Lemoine de sa voiture pour s'enfuir avec.

Die Präpositionen *avec, après, avant, contre, depuis, derrière, devant* können ohne Beziehungswort gebraucht werden.

- *Brigitte n'est pas devant*
  *la maison, elle est **dedans.***
  *Les autres sont encore **dehors.***

Für *dans* steht ohne Beziehungswort *dedans*, für *hors* steht *dehors*, für *sous* steht *dessous*, für *sur* steht *dessus*.

44.3
afin de + Infinitiv,
avant de + Infinitiv

sans attendre
pour commencer

***afin de** commencer*
***avant de** partir*

afin	***de***	Infinitiv
avant		

Zwischen *afin/avant* und dem Infinitiv steht *de*.

44.4
avant / devant (= vor)

***avant** la date fixée*
***avant** la fin*

***devant** l'hôtel de ville*
***devant** moi*

avant drückt ein zeitliches Verhältnis aus. (Es gibt seltene Ausnahmen.) *devant* drückt immer ein räumliches Verhältnis aus.

44.5
durant (= während)

pendant trois heures
durant trois heures
*trois heures **durant***
*le printemps **durant***

durant ist die einzige Präposition, die hinter dem Beziehungswort stehen kann; *durant* wird nur in der Literatur gebraucht.

44.6
entre / parmi (= zwischen)

*Je suis assis **entre** Mme Dubois et Mme Legrand.*
*Le musée est **entre** l'église et l'hôtel de ville.*
*Il n'y en avait qu'un de courageux **parmi** eux.*
*C'est une solution **parmi** d'autres.*

entre bedeutet „zwischen zweien"; *parmi* bedeutet „inmitten von mehreren".

44.7
jusque

- *jusques **au** fond*
  *jusques **à** quand?*

Nur in poetischen Texten hat *jusque* vor Vokal gelegentlich ein *-s*, wegen des Wohlklangs.

- *jusqu'à la fin*
  jusqu'à hier
  jusqu'à Paris
  jusqu'à aujourd'hui / jusqu'aujourd'hui
  jusqu'ici / jusque-là
  jusqu'où
  jusque sur la table

Beachte, daß beide Formen richtig sind: *jusqu'à aujourd'hui / jusqu'aujourd'hui* – und daß *jusque-là* mit Bindestrich geschrieben wird.

44.8
Präposition / Konjunktion

⚠ ***pendant*** *le voyage*
F/D ***pendant qu'****il est en voyage ...*
während der Reise
während er auf Reisen ist...

jusqu'à *demain*
jusqu'à ce qu'*il arrive ...*
bis morgen
bis er kommt...

⚠ ***après*** *son arrivée ...*
F/E ***après qu'****il est arrivé ...*
after his arrival...
after he had arrived...

avant *le départ ...*
avant qu'*il m'ait quitté ...*
before the departure...
before he left me...

Im Deutschen und im Englischen können einige Präpositionen auch als Konjunktionen gebraucht werden. Im Französischen werden Präpositionen und Konjunktionen unterschieden.
(Liste → unten)

⚠ Folgende Präpositionen und Konjunktionen dürfen nicht verwechselt werden:

Präpositionen:		Konjunktionen: (Sie leiten Nebensätze ein.)	
afin de *(+ infinitif)*	um zu	***afin que***	damit
afin de se rappeler ...		*afin qu'elle se rappelle ...*	
afin d'arriver à l'heure ...		*afin qu'elle arrive à l'heure ...*	
après	nach	***après que***	nachdem
après une heure ...		*après qu'elle eut attendu une heure ...*	
après son départ ...		*après qu'elle fut partie ...*	
après *(+ infinitif passé)*			
après avoir lu la lettre ...		*après qu'elle eut lu la lettre ...*	
après avoir répondu ...		*après qu'elle eut répondu ...*	
avant	vor	***avant que***	bevor
avant une heure ...		*avant qu'elle (ne) vienne ...*	
avant la fin ...		*avant que tout (ne) fût fini ...*	
avant de *(+ infinitif)*			
avant de commencer ...		*avant que nous (ne) commencions ..*	
avant de partir ...		*avant qu'elle (ne) soit partie ...*	
depuis	seit	***depuis que***	seitdem
depuis une heure ...		*depuis que je le connais ...*	
depuis son départ ...		*depuis qu'elle est partie ...*	

dès von ... ab *dès le XVIIIe siècle ...* *dès demain ...*	***dès que*** sobald *dès que le contrat sera signé ...* *dès qu'il sera là ...*
jusque bis *jusqu'à demain ...* *jusqu'à quand?* *jusqu'ici ..., jusqu'alors ...*	***jusqu'à ce que*** bis *jusqu'à ce qu'il revienne ...* *jusqu'à ce que tout soit préparé ...*
malgré trotz *malgré son refus ...* *malgré le mauvais temps ...*	***malgré que***[1] obwohl *malgré qu'elle refuse ...* *malgré que le temps soit mauvais ...*
pendant während *pendant le déjeuner ...* *pendant le voyage ...*	***pendant que*** während *pendant qu'on déjeune ...* *pendant qu'elle voyage ...*
pour für *pour le plaisir ...* *pour moi ...* ***pour*** *(+ infinitif)* um zu *pour travailler ...*	***pour que*** damit *pour que tu sois content ...* *pour qu'il travaille mieux ...*
sans ohne *sans défense ...* *sans moi ...* ***sans*** *(+ infinitif)* ohne zu *sans remarquer ...* *sans avoir attendu ...*	***sans que*** ohne daß *sans qu'il se défende ...* *sans qu'il s'en aperçoive ...* *sans que j'attende encore plus longtemps ...*

[1] *malgré que* gehört zur Umgangssprache.

Enoncez les règles d'emploi des prépositions: avant, devant, jusque.

1 **AUTOMOBILISTES : avant d'entreprendre un dépassement, la première chose à faire n'est pas de mettre son clignotant, il faut d'abord regarder dans votre rétroviseur.**

2 • **Nos conseils :** si vous envisagez un achat important à l'étranger, renseignez-vous avant votre départ pour savoir si c'est vraiment intéressant. Ainsi, pour un appareil photo, on vous réclame près de 50 % de son prix d'achat à la frontière.

3 **10 ANS**
100.000 ÉTOILES

grand spectacle pyrotechnique présenté par la mairie de Paris, mardi 14 juillet, à 22 h 30, devant le Palais de Chaillot, d'une durée de 25 minutes.

Rens.: Mairie de Paris.
Tél. 42.76.[redacted]

4 • **A la mer :** tous les jours, marchez une demi-heure doucement, pieds nus sur la plage, avec de l'eau jusqu'aux chevilles.

un dépassement: ein Überholmanöver – *clignotant:* Blinker – *rétroviseur:* Rückspiegel – *réclame:* fordert – *son prix d'achat:* sein Kaufpreis – *spectacle pyrotechnique:* Feuerwerk – *chevilles:* Knöchel

45 Konjunktion, Nebensätze mit Konjunktionen

La conjonction	die Konjunktion, das Bindewort
et, ou, car, donc, mais, que, parce que, quoique ...	und, oder, denn, folglich, aber, daß, weil, obwohl ...

45.1
Nebenordnende Konjunktionen[1]

*Toi **et** moi. Oui **ou** non.*
*Sandrine travaille **et** sa sœur joue.*

	nebenordnende Konjunktionen	

„Nebenordnende" Konjunktionen verbinden gleichartige Satzteile oder Sätze. (Liste → S. 199, 200)

45.2
Unterordnende Konjunktionen[2]

Sandrine veut
__que__ sa sœur reste enfin tranquille.

Elle se fâche
__parce que__ sa sœur la dérange toujours.

Hauptsatz	unterordnende Konjunktion	Nebensatz

„Unterordnende" Konjunktionen leiten Nebensätze ein. (Liste → S. 201–205)

[1] Auf französisch: *Conjonctions de coordination*
[2] Auf französisch: *Conjonctions de subordination*

45.3
Konjunktion ... *et que* ...

● ***Comme** il est tard **et que** je dois me lever très tôt demain, je vais me coucher.*

Konjunktion	*et*	*que*

Wenn einem Nebensatz mit Konjunktion ein gleicher Nebensatz folgt, steht statt der Konjunktion nur *que*.

● ***S'**il pleut **et qu'**il **fasse** plus froid, je n'irai pas à la plage.*

Wenn ein zweiter *si*-Satz mit *que* eingeleitet wird, steht meist der *subjonctif.*

45.4
si (= wenn)
Reale und irreale Bedingungen

S'il fait beau ...
Si je te comprends bien ...
Si j'ai le temps ... (a)

Si j'étais vous ...
(Wenn ich an Ihrer Stelle wäre ...)
Si tu m'avais appelé ...
(Wenn du mich gerufen hättest.) (b)

a) Eine Bedingung ist „real", wenn sie tatsächlich erfüllbar ist.
b) Eine Bedingung ist „irreal", wenn sie der Wirklichkeit nicht entspricht.

45.5
Zeiten im realen Bedingungssatz mit *si*

- ***Si*** *j'****ai*** *le temps,*
  je ***viendrai*** *chez toi.*
  S'*il* ***fait*** *beau,*
  on ***va*** *à la plage ou on* ***fait*** *du tennis?*

si-Satz: Präsens	Hauptsatz: Futur / Präsens

Im realen *si*-Satz steht das Präsens, im Hauptsatz das Futur oder das Präsens, je nach dem Sinn.

- 

Das Futur kommt im *si*-Satz nur in sehr nachlässiger Umgangssprache vor.

45.6
Zeiten im irrealen Bedingungssatz mit *si*

- ***Si*** *j'****étais*** *riche,*
  *je m'****achèterais*** *une moto.*
  Si *j'****avais*** *une moto,*
  *j'****irais*** *sur la Côte d'Azur.*
  Si *mon grand-père n'****était*** *pas mort,*
  il ***serait*** *encore en vie.*

si-Satz: Imperfekt	Hauptsatz: Konditional I

Im irrealen *si*-Satz, der sich auf die Gegenwart bezieht, steht das Imperfekt, im Hauptsatz das Konditional I.

- ***Si*** *tu m'****avais appelé***
  je ***serais venu.***
  Si *tu* ***avais été*** *à Arles,*
  tu ***aurais vu*** *les arènes.*

si-Satz: Plusquamperfekt	Hauptsatz: Konditional II

Im irrealen *si*-Satz, der sich auf die Vergangenheit bezieht, steht das Plusquamperfekt, im Hauptsatz das Konditional II.

45.7
si / *quand* (= wenn)

S'*il fait beau, nous irons à la plage.*
Quand *il fait beau, nous allons à la plage.*

si bedeutet: ,,wenn, unter der Bedingung, daß";
quand bedeutet: ,,wenn, jedesmal wenn, zu dem Zeitpunkt als".

⚠ F/D Im Französischen wird also zwischen *si* und *quand* unterschieden. Im Deutschen hat ,,wenn" beide Bedeutungen.

45.8
Stellung der Konjunktionen im Satz

- *Il pleut* ***et*** *il y a du vent.*
  Il pleut, ***c'est pourquoi*** *on ne va pas à la plage.*

Meistens stehen die Konjunktionen am Anfang des Satzes, zu dem sie gehören.

- *Il me l'a dit. C'est* ***cependant*** *faux.*
  Il a ***donc*** *menti?*
  Ce n'est pas correct ***en effet.***

Einige Konjunktionen können jedoch mitten im Satz oder sogar am Satzende stehen. Es sind: *donc* (folglich), *cependant* (jedoch), *en effet* (in der Tat), *pourtant* (jedoch), *néanmoins* (nichtsdestoweniger).

45.9
Gebrauch der unterordnenden Konjunktionen beim Sprechen und Schreiben

⚠ F/D *Il n'est pas venu* ***parce qu'****il est malade.* /
Il n'est pas venu, il est malade.

Il a neigé toute la nuit ***de sorte que*** *les chemins sont impraticables*[1]. /
Il a neigé toute la nuit;
les chemins sont impraticables.

Il va falloir bientôt rentrer ***parce qu'****il est déjà tard.* /
Il va falloir bientôt rentrer:
il est déjà tard.

Beim Sprechen (auch beim Schreiben) werden die französischen Konjunktionen seltener gebraucht als die entsprechenden Konjunktionen im Deutschen.

Die französischen Konjunktionen, namentlich wenn sie den *subjonctif* verlangen, werden als „schwerfällig" empfunden.

Statt Haupt- und Nebensatz werden oft nur Hauptsätze verwendet, die durch Komma, Semikolon oder Doppelpunkt verbunden sind.[2] (→ 46.5)

---

[1] unpassierbar. [2] A. Sauvageot: En dehors des phrases subordonnées introduites par que ou par un relatif (le plus souvent qui ou que), on ne trouve guère que des complétives commençant par quand, parce que, puisque, pendant que, etc., ou des propositions introduites par si. La conjonction car est presque sortie de l'usage parlé ... une locution conjonctive telle que tandis que ou bien que tend aussi à disparaître ...
(Le français parlé – le français écrit, page 39)

Nebenordnende Konjunktionen und konjunktionale Ausdrücke

Die wichtigsten nebenordnenden Konjunktionen sind:

a) anreihende Konjunktionen:

et	**und**
Toi et moi.	Du und ich
Sandrine travaille et sa sœur joue.	Sandrine arbeitet, und ihre Schwester spielt.
non seulement . . . , mais aussi (encore)	**nicht nur . . . , sondern auch**
Non seulement moi, mais toi aussi.	Nicht nur ich, sondern auch du.

b) einräumende Konjunktionen:

mais	**aber, sondern**
C'est une bonne voiture, mais très chère.	Das ist ein gutes Auto, aber sehr teuer.
Ce n'est pas ton stylo, mais le mien.	Das ist nicht dein Kugelschreiber, sondern meiner.
cependant, pourtant, toutefois	**jedoch**
On le dit, c'est cependant faux.	Man sagt es, es ist jedoch falsch.
Tu ne comprends pas? C'est pourtant très simple.	Du verstehst nicht? Es ist jedoch sehr einfach.
quand même, malgré cela	**trotzdem**
Cette moto est très chère: Olivier l'achète quand même.	Dieses Motorrad ist sehr teuer; Olivier kauft es trotzdem.

c) entgegensetzende Konjunktionen:

d'une part . . . d'autre part, d'un côté . . . de l'autre	**einerseits . . . andererseits**
D'un côté mon oncle est riche, de l'autre il est avare.	Einerseits ist mein Onkel reich, andererseits ist er geizig.
ou *(bien) . . .* ***ou*** *(bien)*	**entweder . . . oder**
Ou bien tu viens à la fête, ou bien tu restes chez toi: il faut te décider.	Entweder kommst du zur Fete, oder du bleibst zu Hause: du mußt dich entscheiden.

d) begründende Konjunktionen:

car
Je ne vais pas à la plage,
car il fait trop froid.

denn
Ich gehe nicht zum Strand,
denn es ist zu kalt.

c'est pourquoi
Je suis malade, c'est pourquoi
je reste au lit.

deshalb
Ich bin krank, deshalb
bleibe ich im Bett.

aussi
Cette voiture est confortable:
aussi coûte-t-elle cher.

daher
Dieses Auto ist bequem,
daher ist es teuer.

Aussi (= daher) muß am Satzanfang stehen, damit es nicht mit *aussi* (= auch) verwechselt werden kann.
(Inversion nach *aussi* → 2.2)

Nous savons tous le rôle que joue la vitamine C dans les mécanismes anti-infectieux. Aussi est-il nécessaire à l'enfant de consommer au moins un agrume par jour (orange, pamplemousse, citron pressé, etc.).

e) folgernde Konjunktionen:

donc
Sandrine ne veut pas sortir avec
Marc, donc elle a refusé son
invitation. /

... elle a donc refusé son invitation.
Donc kann am Satzanfang oder nach dem Verb stehen. (→ 45.8)

folglich
Sandrine will nicht mit Marc
ausgehen, folglich hat sie seine
Einladung nicht angenommen.

Je pense, donc je suis.
(Ich denke, folglich existiere ich.)
(René Descartes)

par conséquent
Il pleut, par conséquent on restera
à la maison.

folglich
Es regnet, folglich werden wir
zu Hause bleiben.

un agrume: *eine Zitrusfrucht*

Unterordnende Konjunktionen

Die wichtigsten unterordnenden Konjunktionen sind:

a) allgemeinste Konjunktionen:

que
J'espère que tout ira bien.
Je crois que tu as raison.

daß
Ich hoffe, daß alles gut gehen wird.
Ich glaube, daß du recht hast.

sans que *(+ subjonctif)*
On lui a volé son portefeuille sans qu'il s'en aperçoive.

ohne daß
Man hat ihm seine Brieftasche gestohlen, ohne daß er es bemerkt.

b) Konjunktionen, die Zeitverhältnisse ausdrücken:
(temporale Konjunktionen)

quand *(+passé composé)*
(+futur, présent, imparfait)
Quand elle est arrivée, elle m'a dit bonjour.
Quand je vois M. Dubois, je lui dis bonjour.

als
wenn
Als sie ankam, sagte sie mir „Guten Tag".
Wenn ich Herrn Dubois sehe, sage ich ihm „Guten Tag".

lorsque
lorsque ist seltener als *quand* und schriftsprachlich.

als, wenn

comme *(+ imparfait)*
Comme elle disait ces mots, ses yeux brillaient.

als
Als sie diese Worte sagte, leuchteten ihre Augen.

au moment où
Je suis entré dans la chambre juste au moment où le téléphone a sonné.

im Augenblick als
Ich bin ins Zimmer gekommen, gerade im Augenblick als das Telefon geläutet hat.

pendant que
Pendant que tu feras les courses, j'irai à la banque.

während
Während du einkaufst, werde ich zur Bank gehen.

tant que	**solange wie**
Tant que tu seras malade, *tu resteras au lit.*	Solange du krank bist, bleibst du im Bett.
depuis que	**seitdem**
Depuis qu'Olivier est en Amérique, *je lui écris souvent.*	Seitdem Olivier in Amerika ist, schreibe ich ihm oft.
dès que, aussitôt que	**sobald**
Dès qu'il a vu le policier, *le voleur s'est enfui.* *J'ai rencontré mon oncle dans le* *métro: je l'ai reconnu aussitôt* *que je l'ai vu.*	Sobald er den Polizisten sah, floh der Dieb. Ich habe meinen Onkel in der U-Bahn getroffen: ich habe ihn wiedererkannt, sobald ich ihn gesehen habe.
avant que *(+ subjonctif)*	**bevor**
Elle est vite rentrée *avant qu'il (ne) pleuve.* *(ne «explétif» → 4.10)*	Sie ist schnell zurückgekommen, bevor es regnet.
après que *(+ passé antérieur)*	**nachdem**
Le téléphone sonna après qu'elle *fut partie.* Nach *après que* ist der *subjonctif* häufig, wie nach *avant que.*	Das Telefon läutete, nachdem sie fortgegangen war.
jusqu'à ce que *(+ subjonctif)*	**bis**
J'attends jusqu'à ce qu'elle *revienne.*	Ich warte, bis sie zurückkommt.
jusqu'au moment où	**bis**
Il l'a attendue dans le parc *jusqu'au moment où il a com-* *mencé à pleuvoir.*	Er wartete im Park auf sie, bis es zu regnen anfing.

c) Konjunktionen, die den Grund ausdrücken:
(kausale Konjunktionen)

parce que
M. Dubois achètera cette voiture parce qu'elle est confortable.

weil
Herr Dubois wird dieses Auto kaufen, weil es bequem ist.

comme
Comme cette voiture est confortable, M. Dubois l'achètera.

Comme wird gebraucht, wenn der Kausalsatz vor dem Hauptsatz steht.

da
Da dieses Auto bequem ist, wird es Herr Dubois kaufen.

puisque
Cette voiture se vend bien, puisqu'elle est confortable.

da ja (bekannter Grund)
Dieses Auto verkauft sich gut, da es ja bequem ist.

d) Konjunktionen, die den Zweck, die Absicht, die Folge ausdrücken:
(finale und konsekutive Konjunktionen)

pour que, afin que *(+ subjonctif)*
Mme Dubois a préparé un bon repas pour que tous les invités soient contents.

damit
Frau Dubois hat ein gutes Essen vorbereitet, damit alle Gäste zufrieden sind.

afin que ist schriftsprachlich.

HOTESSE DE L'AIR
Pour que votre rêve devienne réalité, préparez-vous activement aux tests et entretiens organisés par les compagnies aériennes (niveau bac nécessaire). (Jacinte)

de sorte que, de manière que, de façon que
Mme Dubois se dépêche de sorte que tout soit prêt à temps.

Wenn der Nebensatz mit *de sorte que* einen Zweck oder eine Absicht ausdrückt, steht der *subjonctif.*

damit
Frau Dubois beeilt sich, damit alles rechtzeitig fertig ist.

de sorte que, de manière que, de façon que

so daß

Il a perdu ses clefs, de sorte qu'il n'a pu rentrer chez lui.

Er hat seine Schlüssel verloren, so daß er nicht in seine Wohnung kommen konnte.

Wenn der Nebensatz mit *de sorte que...* eine tatsächliche Folge ausdrückt, steht der *indicatif.*

e) Konjunktionen, die die Einräumung oder den Gegensatz ausdrücken:
(konzessive und adversative Konjunktionen)

quoique, bien que, malgré que *(+subjonctif)*

obwohl, obgleich

Brigitte va à l'école quoiqu'elle soit malade.

Brigitte geht zur Schule, obwohl sie krank ist.

bien que ist schriftsprachlich, *malgré que* wird nur beim Sprechen verwendet.

tandis que, alors que

wohingegen, während

Sandrine travaille dans le jardin, tandis que sa sœur se repose.
Il fait beau à Marseille, alors qu'il pleut à Paris.

Sandrine arbeitet im Garten, wohingegen ihre Schwester sich ausruht.
Es ist schönes Wetter in Marseille, wohingegen es in Paris regnet.

tandis que und *alors que* können auch zeitlich wie *pendant que* verwendet werden.

f) Konjunktionen, die eine Bedingung ausdrücken:
(konditionale Konjunktionen)

si (→ 45.4–45.6)

wenn

à condition que *(+subjonctif)*

wenn; unter der Bedingung, daß...

Je viens vous voir demain, à condition que cela ne vous dérange pas.

Ich komme Sie morgen besuchen, wenn Sie das nicht stört.

pourvu que (+ subjonctif)	**vorausgesetzt, daß**
Pourvu qu'ils ne fassent pas trop de bruit, les enfants peuvent jouer ici.	Vorausgesetzt daß sie nicht zuviel Krach machen, können die Kinder hier spielen.
au cas où (+ conditionnel)	**im Falle, daß**
Au cas où j'arriverais en retard, commencez sans moi.	Im Falle daß ich zu spät komme, fangen Sie ohne mich an.

test

Relevez les propositions introduites par «si», et énoncez les règles.

1 Vous avez remarqué que quand on veut parler avec les copains en classe, c'est difficile et on est tout le temps dérangé? Bien sûr, vous pouvez parler avec le copain qui est assis à côté de vous; mais même si vous essayez de parler tout bas, la maîtresse vous entend et elle vous dit: «Puisque vous avez tellement envie de parler, venez au tableau, nous verrons si vous êtes toujours aussi bavard!» et elle vous demande les départements avec leurs chefs-lieux, et ça fait des histoires.
(Sempé-Goscinny: Le petit Nicolas)

3

N'ayez aucune crainte, si vous ne me faites aucun mal, il ne vous mordra pas. (Lavergne)

2 Si l'on me demandait aujourd'hui ce que c'est Paris, je répondrais tout de suite: «C'est la capitale de la France et c'est la plus belle ville du monde.»
(Sacha Guitry: Mémoires d'un tricheur)

crainte: Furcht – *il ne vous mordra pas:* er wird Sie nicht beißen

Besonderheiten der französischen Zeichensetzung

46 Die französischen Satzzeichen

.	*le point*	« »	*les guillemets*
?	*le point d'interrogation*	( )	*les parenthèses*
!	*le point d'exclamation*	-	*le tiret*
...	*les points de suspension*	[ ]	*les crochets*
,	*la virgule*	/	*la barre oblique*
;	*le point-virgule*	*	*l'astérisque*
:	*les deux points*		

46.1
Komma (I)

Spectaculaire accident, la nuit dernière, porte Maillot, à Paris. A la sortie du tunnel, le conducteur d'une Golf GTI a brusquement perdu le contrôle de sa voiture. La voiture a fait alors plusieurs tonneaux. Coincés dans les ferrailles tordues, les trois passagers, gravement blessés, étaient incapables de se libérer eux-mêmes.

(France-Soir)

Mit dem Komma werden die Pausen und damit die wichtigen Stellen im Satz festgelegt (→ 2.4).

⚠ F/D Beim Vergleich von französischen Texten und ihren deutschen Übersetzungen ist festzustellen, daß im Französischen etwa 25% mehr Kommas verwendet werden als im Deutschen.

---

porte: Tor – *faire un tonneau:* sich überschlagen – *coincés:* eingeklemmt – *ferrailles:* Eisenteile – *tordues:* verbogen.

⚠ F/E Im Französischen werden wesentlich mehr Kommas verwendet als im Englischen.

46.2
Komma (II)

⚠ F/D *Je crois qu'on a sonné.*
Sandrine me dit que le café est prêt.
Sais-tu où sont les tasses? (a)

J'ai enfin trouvé les photos que je cherchais depuis longtemps.
Le monsieur qui passe est notre prof de maths. (b)

Mme Dubois nous a invités à dîner chez elle. (c)

Abweichend vom Deutschen steht kein Komma:

a) vor Nebensätzen, die dem übergeordneten Satz folgen und eng mit ihm zusammengehören.
(Oft entscheidet die Absicht des Schreibenden.)
b) vor Relativsätzen, die eng mit dem Beziehungswort zusammenhängen.
c) vor Infinitivsätzen.

46.3
Komma (III)

⚠ F/D *Aujourd'hui, c'est ma dernière journée sur la Côte d'Azur.*

Demain, à huit heures, je partirai. Je partirai demain, à huit heures. (a)

J'ai été à New York, à Washington, à Chicago, ***etc.*** (b)

Abweichend vom Deutschen steht ein Komma:

a) vor und hinter einer adverbialen Bestimmung. (Die adverbiale Bestimmung am Satzanfang wird meistens durch Komma abgetrennt.)

b) vor *etc.*

46.4
Doppelpunkt (I)

Sandrine dit:
Je suis très heureuse de passer mes vacances sur la Côte d'Azur.
Tout me plaît ici: la mer, la plage, le beau temps ...

Der Doppelpunkt steht – wie im Deutschen – vor der direkten Rede, vor Aufzählungen, Zitaten ...

46.5
Doppelpunkt (II)

(Sandrine rentre, ***car*** *il est tard.)*
Sandrine rentre: il est tard.

(Elle est fatiguée ***parce qu'****elle a dansé toute la nuit.)*
Elle est fatiguée: elle a dansé toute la nuit.

A la chasse, ce terrier est irremplaçable : toujours aux aguets, il voit tout ! (a)

(Il a raté son examen, ***par conséquent*** *il doit le repasser.)*
Il a raté son examen: il doit le repasser.

(Je me suis dépêché, ***donc*** *je suis arrivé à l'heure.)*
Je me suis dépêché: je suis arrivé à l'heure. (b)

(J'ai attendu longtemps, ***mais*** *personne n'est venu.)*
J'ai attendu longtemps: personne n'est venu. (c)

Der Doppelpunkt kann statt Konjunktionen stehen:

a) statt *car, parce que ...*

b) statt *en conséquence, par conséquent, donc ...*

c) statt *mais, cependant ...*

Der Doppelpunkt verkürzt den Satz und wirkt daher stilistisch geschickt. (→ 45.9)
Nach dem Doppelpunkt statt einer Konjunktion schreibt man klein.

---

irremplaçable: unersetzlich – *aux aguets: auf der Hut*

46.6
Semikolon

Elle était en robe de chambre, en train de faire ses devoirs; un cahier était ouvert sur la table; bien que, un bout d'une espèce de magazine dépassait[1], *en dessous.*

(Chr. Rochefort: Printemps au Parking)

Nous marchons dans la nuit; nous entrons dans un café maure[2]; *c'est de là que venait la musique.*

(Gide: L'Immoraliste)

Im Französischen wird das Semikolon häufig gebraucht: Es trennt zwei Sätze nicht so stark wie ein Punkt, aber stärker als ein Komma.

46.7
Ausrufezeichen

Ouvrez le livre.
Lisez la phrase.
Répétez. (a)

Mon Dieu!
Non, jamais!
Parfait! (b)

a) Im Französischen steht nach dem Imperativ kein Ausrufezeichen. (→ 37.3)
b) Das Ausrufezeichen steht nur nach Ausrufen, die eine starke innere Bewegung des Sprechenden ausdrükken.

[1] hervorsehen [2] maurisch, arabisch

46.8
Satzzeichen bei der direkten Rede

(Sandrine demande à Olivier:)
– *Quand viendras-tu?*
– *A 6 heures.*

Zu Beginn der direkten Rede steht am Zeilenanfang ein Gedankenstrich *(tiret)*.

⚠ Am Ende der direkten Rede steht kein Gedankenstrich oder Anführungszeichen.

46.9
Anführungszeichen

Le mot «liberté» ne convient pas ici.
Dans son «Candide» Voltaire ridiculise l'idée du «meilleur des mondes possibles».

Zur Hervorhebung eines Wortes, zur Kennzeichnung eines Zitats oder Titels werden im Französischen die *guillemets* verwendet.

test

A la place de quelles conjonctions sont employés les deux points et les point-virgules?

1 Je n'aimais plus Ramon Gris ... Sans doute je l'estimais toujours; c'était un dur.
(Sartre: Le mur)

2 *Mon mari et moi sommes heureux ensemble : nous nous aimons et nous nous respectons.*

3 **Avec un coup de fil.** Vous avez été ravie de la soirée passée chez des amis : n'hésitez pas à leur passer un coup de fil le lendemain pour le leur dire.

4 Elle ne pense pas toujours à l'amour: elle n'a pas le temps.
(Saint-Exupéry: Courrier sud)

5 Une jeune femme parle d'un ami:
... je revis Jacques souvent. Il me raconta son histoire avec Magda, sur un mode romanesque. De mon côté, je lui parlai de mes nouvelles amitiés: il ne parut guère les apprécier. (Beauvoir: Mémoires d'une jeune fille rangée)

un coup de fil: ein Telefonanruf – *ravi:* entzückt – *apprécier:* schätzen

Besonderheiten der französischen Schrift

47 Orthographische Sonderzeichen des Französischen

47.1
Accent aigu

vérité, été, espérer

9.10 MÉTÉO

é wird als geschlossenes *e* gesprochen: [e].

47.2
Accent grave

- *père, mère, frère*

è wird als offenes *e* gesprochen: [ɛ].

- *événement / évènement*
  [ɛ]
  j'espérerai / j'espèrerai
  [ɛ]

In einigen Wörtern wird *é* [ɛ] gesprochen. Die Schreibung *è* ist in diesen Fällen erlaubt[1].

- ***à*** (Präposition) – *a* (hat)
  dès (sobald) – *des (de + les)*
  là (dort) – *la* (die)
  où (wo) – *ou* (oder)

Der *accent grave* dient auch zur Unterscheidung von gleich gesprochenen Wörtern mit unterschiedlicher Bedeutung.

47.3
Accent circonflexe

- *âge, fenêtre, île, hôpital*

1.45 HÔTEL
ÉPILOGUE
Reprise.

8.45 L'ÎLE MYSTÉRIEUSE
TERRITOIRE INTERDIT

Der *accent circonflexe* beeinflußt nicht die Aussprache. Man darf ihn weglassen[2].

- ***dû*** (von *devoir*) – *du* (Artikel)
  mûr (reif) – *mur* (Mauer)
  sûr (sicher) – *sur* (auf)

Der *accent circonflexe* dient auch zur Unterscheidung von gleich gesprochenen Wörtern mit unterschiedlicher Bedeutung.
Der *accent circonflexe* darf nicht weggelassen werden, wenn er zur Unterscheidung von Wörtern dient.

47.4
Cédille

façade, leçon, reçu

ç wird [s] gesprochen, was vor a, o, u ungewöhnlich ist.

---

[1] Tolérances (1976), Nr. 31   [2] Nr. 32

47.5
Tréma

● *égoïste, naïf, Israël, Noël*

haïr (hassen)
Présent:
je hais, tu hais, il hait,
nous haïssons, vous haïssez, ils haïssent.
Imparfait:
je haïssais, tu haïssais, il haïssait . . .
Passé simple:
je haïs, tu haïs, il haït . . .
Futur:
je haïrai, tu haïras, il haïra . . .
Participe passé: haï
Participe présent: haïssant.

Das Trema zeigt an, daß zwei aufeinanderfolgende Vokale einzeln gesprochen werden.

● *aiguë, ambiguë*

Das Trema zeigt an, daß in der Silbe *-guë* das *u* gesprochen wird.

48 Gebrauch des Apostrophs

48.1
Apostroph vor Vokal und stummem h

__l'__arbre, __l'__eau,
__l'__hôtel, __l'__heure (a)

je __l'__aime, je __l'__entends
je __l'__habille (b)

les amis __d'__Olivier, la rue __d'__Ulm
un quart __d'__heure (c)

__c'__est bien, __c'__était tard
__ç'__a été une bonne occasion (d)

on __m'__a vu, je __t'__ai entendu,
la porte __s'__ouvre
il __s'__habille (e)

je __n'__ai rien vu
elle __n'__hésite pas (f)

__Qu'__est-ce que c'est?
Je ne sais pas ce __qu'__il veut. (g)

__jusqu'__en 1945, __jusqu'__alors (h)

Vor Vokal und stummem h werden apostrophiert:

a) *le, la* (Artikel),
Ausnahmen: *le onze, le huit, le oui, la une* (= 1. Seite der Zeitung)
b) *le, la* (Objektpronomen),
c) *de,*
d) *ce (ce + a > ç'a),*
e) *me, te, se,*
f) *ne,*
g) *que,*
(⚠ *qui* wird nicht apostrophiert!)
h) *jusque.*

48.2
Apostroph in besonderen Fällen

quelque argent, quelque temps
je vois ***quelqu'un*** (a)

nous sommes presque arrivés
presque entier
la ***presqu'île*** (b)

parce que Alain est venu...
puisque Alain..., quoique Alain...
parce qu'il *est venu...*
puisqu'elle *est venue...*
quoiqu'un *autre soit venu...*
parce qu'on *est arrivé...,* (c)

si elle vient..., si un autre...
si Olivier vient...
s'il *vient...*
s'ils *viennent...* (d)

Apostrophiert werden:
a) *quelque* vor *un* und *une,*
b) *presque* vor *île,*
c) *parce que, puisque, quoique* vor *il(s), elle(s), un(e), on, en,*
d) *si* vor *il(s).*

48.3
Apostrophieren beim Sprechen

le matin
Monsieur
je ne sais pas

Tu as de beaux yeux.

(Jean Gabin)

Beim Sprechen haben viele Franzosen die Tendenz, auch andere Wörter zu apostrophieren.
Nicht-Franzosen sollten hierbei nicht übertreiben!

49 Großschreibung im Französischen

49.1
Satzanfang

Un jour, M. Schmidt a fait un voyage.
Il est allé à Paris.

Groß schreibt man das erste Wort des Satzes (wie im Deutschen).

49.2
Namen

*Bonjour, M. **D**ubois.*
*Je veux parler à **S**andrine.*
*Elle est à **N**ice.*
*Le **R**hin, la **C**orse, l'**E**urope.*
*La **R**enault, l'**A**irbus.* (a)

*L'avenue des **C**hamps-**E**lysées.*
*Le palais du **L**uxembourg.* (b)

*Le mont **B**lanc,*
*l'océan **A**tlantique.* (c)

Groß schreibt man Namen:
a) Eigennamen,
b) Namen von Straßen, Plätzen, Gebäuden.
c) Adjektive, die zu geographischen Namen gehören.

49.3
Angehörige von Völkern ...

*le **F**rançais, la **F**rançaise*
*le **P**arisien, la **P**arisienne*

Une voiture française.
J'apprends le français.

Correspondante

J'ai douze ans et j'étudie l'allemand. Une Allemande de mon âge voudrait-elle correspondre avec moi?
Mlle [redacted],
26 bis, rue Joliot Curie,
93330 Neuilly-sur-Marne.

(Femme actuelle)

Groß schreibt man die Angehörigen von Völkern, Nationen, Städten ...

⚠ F/E Die entsprechenden Adjektive und Nomen werden jedoch klein geschrieben.

49.4
Titel von Büchern, Filmen usw.

*«**L**e **M**alade imaginaire» de **M**olière*
*M. Dubois lit **L**e **M**onde.*
*Le **C**ode civil*[1]

Groß schreibt man Titel von Zeitungen, Büchern, Filmen, Theaterstücken ...

49.5
Himmelsrichtungen

*Le **M**idi de la France*
*L'Amérique du **N**ord*

Groß schreibt man Himmelsrichtungen, wenn sie Regionen bezeichnen.

[1] das Bürgerliche Gesetzbuch

49.6
Christliche Feiertage, christliche Begriffe

*L'arbre de **N**oël.*
*L'**E**glise catholique.*
*Croire en **D**ieu.*

Groß schreibt man christliche Feiertage und Begriffe.

49.7
Staat

*L'**E**tat.*
*Le **P**résident de la **R**épublique.*
*Le **S**énat.*

Groß schreibt man den Staat und die höchsten Ämter und Institutionen des Staates.

49.8
Abkürzungen

*C'est **M.** Dubois.*
*La **R.F.A.***
(= République fédérale d'Allemagne)

*le **P.D.G.***
(= Président-directeur général)[2]
*la **T.V.A.***
(= taxe sur la valeur ajoutée)[3]
T.G.V.
(= Train à grande vitesse)[4]

Groß schreibt man Abkürzungen.

49.9
Plakate, Reklame, Hinweisschilder

Es besteht die Tendenz, in der Werbung und auf Hinweisschildern alle wichtigen Wörter groß zu schreiben.

---

[1] *PMU: Pari Mutuel Urbain* (Wetten beim Pferderennen).

[2] Generaldirektor. [3] Mehrwertsteuer.
[4] Hochgeschwindigkeitszug.

50 Die französische Sprache

- Bevor Cäsar Gallien eroberte – das war ein paar Jahre vor Christi Geburt –, sprachen die Einwohner dort eine keltische Sprache *(le gaulois)*. In den folgenden Jahrhunderten setzte sich das Lateinische weitgehend durch, und zwar die Umgangssprache der römischen Soldaten, Verwaltungsbeamten und Kaufleute. Diese lateinische Umgangssprache heißt: Vulgärlatein.

  Neben dem Französischen gibt es andere romanische Sprachen, die sich aus dem Vulgärlatein entwickelt haben. Die wichtigsten sind:

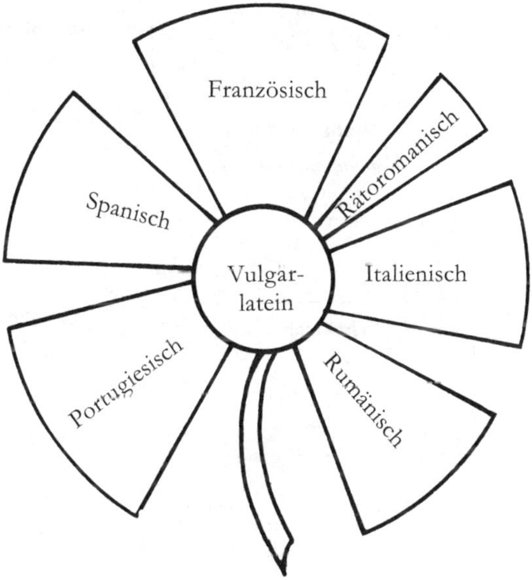

- Wie jede andere Sprache hat auch das Französische im Laufe der Jahrhunderte Wörter aus anderen Sprachen übernommen, zum Beispiel: griechische und hebräische Wörter über das Christentum, fränkisch/germanische Wörter nach dem Eindringen der Franken in die römische Provinz Gallien im 6.–10. Jahrhundert, italienische Wörter während der Renaissance (16. Jahrhundert) usw. (→ Übersicht auf der Nebenseite)

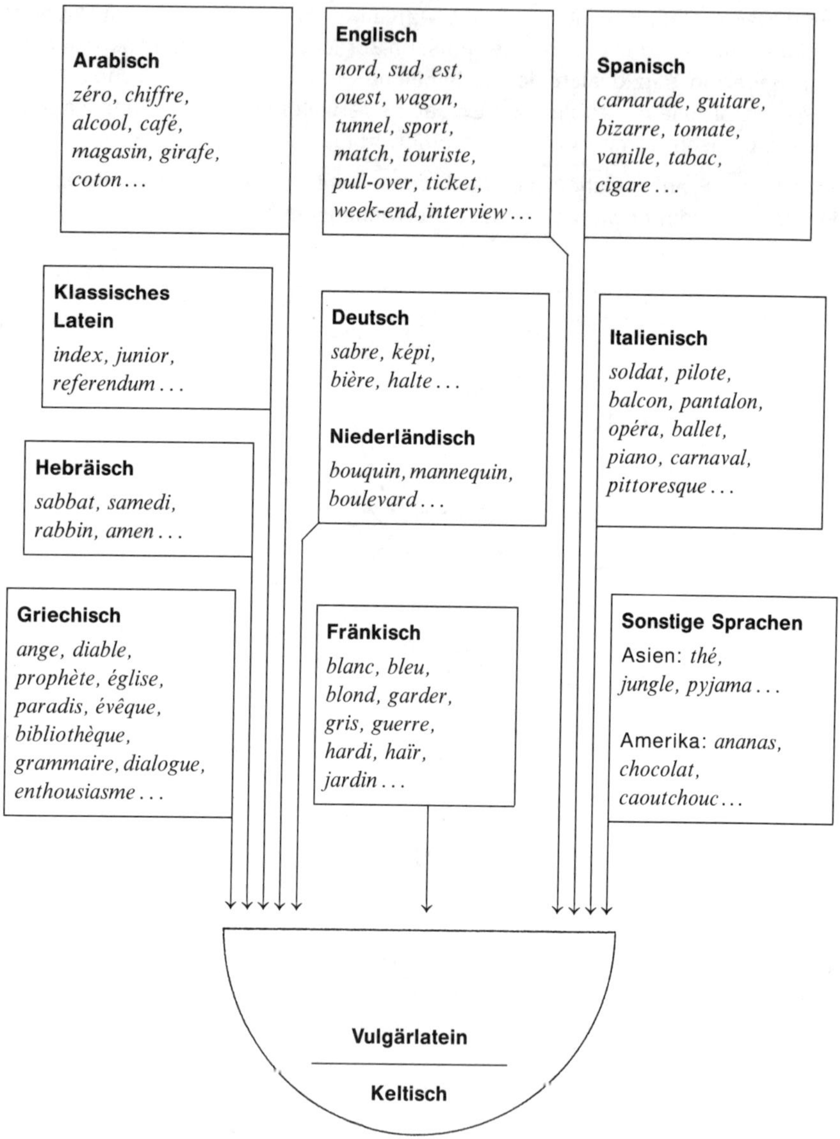

Keltische Wörter sind z. B. *changer, chemin, chêne, cheval, chemise …*

Tolérances grammaticales ou orthographiques

(Arrêté ministériel du 28 décembre 1976)

Dans les examens ou concours dépendant du ministère de l'Éducation et sanctionnant les étapes de la scolarité élémentaire et de la scolarité secondaire, qu'il s'agisse ou non d'épreuves spéciales d'orthographe, il ne sera pas compté de fautes aux candidats dans les cas visés ci-dessous.

I. — Le verbe

1. Accord du verbe précédé de plusieurs sujets à peu près synonymes à la troisième personne du singulier juxtaposés:

La joie, l'allégresse s'empara (s'emparèrent) *de tous les spectateurs.*

L'usage veut que, dans ce cas, le verbe soit au singulier. On admettra l'accord au pluriel.

2.

2 a. Accord du verbe précédé de plusieurs sujets à la troisième personne du singulier unis par *comme, ainsi que* et autres locutions d'emploi équivalent:

Le père comme le fils mangeaient *de bon appétit.*
Le père comme le fils mangeait *de bon appétit.*

L'usage admet, selon l'intention, l'accord au pluriel ou au singulier.
On admettra l'un et l'autre accord dans tous les cas.

2 b. Accord du verbe précédé de plusieurs sujets à la troisième personne du singulier unis par *ou* ou par *ni*:

Ni l'heure ni la saison ne conviennent *pour cette excursion.*
Ni l'heure ni la saison ne convient *pour cette excursion.*

L'usage admet, selon l'intention, l'accord au pluriel ou au singulier.
On admettra l'un et l'autre accord dans tous les cas.

3. Accord du verbe quand le sujet est un mot collectif accompagné d'un complément au pluriel:

À mon approche, une bande de moineaux s'envola.
À mon approche, une bande de moineaux s'envolèrent.

L'usage admet, selon l'intention, l'accord avec le mot collectif ou avec le complément.
On admettra l'un et l'autre accord dans tous les cas.

4. Accord du verbe quand le sujet est *plus d'un* accompagné ou non d'un complément au pluriel:

Plus d'un de ces hommes m'était *inconnu.*
Plus d'un de ces hommes m'étaient *inconnus.*

L'usage admet, selon l'intention, l'accord au pluriel ou au singulier.
On admettra l'un et l'autre accord dans tous les cas.

5. Accord du verbe précédé de *un des... qui, un de ceux que, une des... que, une de celles qui,* etc.:

La Belle au bois dormant est un des contes qui charment *les enfants.*
La Belle au bois dormant est un des contes qui charme *les enfants.*

L'usage admet, selon l'intention, l'accord au pluriel ou au singulier.
On admettra l'un et l'autre accord dans tous les cas.

6. Accord du présentatif *c'est* suivi d'un nom (ou d'un pronom de la troisième personne) au pluriel:

Ce sont *là de beaux résultats.*
C'est *là de beaux résultats.*
C'étaient *ceux que nous attendions.*
C'était *ceux que nous attendions.*

L'usage admet l'accord au pluriel ou au singulier.

7. Concordance des temps:

J'avais souhaité qu'il vînt (qu'il vienne) *sans tarder.*
Je ne pensais pas qu'il eût oublié (qu'il ait oublié) *le rendez-vous.*
J'aimerais qu'il fût (qu'il soit) *avec moi.*
J'aurais aimé qu'il eût été (qu'il ait été) *avec moi.*

Dans une proposition subordonnée au subjonctif dépendant d'une proposition dont le verbe est à un temps du passé ou au conditionnel, on admettra que le verbe de la subordonnée soit au présent quand la concordance stricte demanderait l'imparfait, au passé quand elle demanderait le plus-que-parfait.

8. Participe présent et adjectif verbal suivis d'un complément d'object indirect ou d'un complément circonstanciel:

La fillette, obéissant *à sa mère, alla se coucher.*
La fillette, obéissante *à sa mère, alla se coucher.*
J'ai recueilli cette chienne errant *dans le quartier.*
J'ai recueilli cette chienne errante *dans le quartier.*

L'usage admet que, selon l'intention, la forme en *-ant* puisse être employée sans accord comme forme du participe ou avec accord comme forme de l'adjectif qui lui correspond.
On admettra l'un et l'autre emploi dans tous les cas.

9. Participe passé conjugué avec *être* dans une forme verbale ayant pour sujet *on:*

On est resté (restés) *bons amis.*

L'usage veut que le participe passé se rapportant au pronom *on* se mette au masculin singulier.
On admettra que ce participe prenne la marque du genre et du nombre lorsque *on* désigne une femme ou plusieurs personnes.

10. Participe passé conjugué avec *avoir* et suivi d'un infinitif:

Les musiciens que j'ai entendus (entendu) *jouer.*
Les airs que j'ai entendu (entendus) *jouer.*

L'usage veut que le participe s'accorde lorsque le complément d'objet direct se rapporte à la forme conjuguée et qu'il reste invariable lorsque le complément d'objet direct se rapporte à l'infinitif.
On admettra l'absence d'accord dans le premier cas. On admettra l'accord dans le second, sauf en ce qui concerne le participe passé du verbe *faire.*

11. Accord du participe passé conjugué avec *avoir* dans une forme verbale précédée de *en* complément de cette forme verbale:

J'ai laissé sur l'arbre plus de cerises que je n'en ai cueilli.
J'ai laissé sur l'arbre plus de cerises que je n'en ai cueillies.

L'usage admet l'un et l'autre accord.

12. Participe passé des verbes tels que:
coûter, valoir, courir, vivre, etc., lorsque ce participe est placé après un complément:

Je ne parle pas des sommes que ces travaux m'ont coûté (coûtées).
J'oublierai vite les peines que ce travail m'a coûtées (coûté).

L'usage admet que ces verbes normalement intransitifs (sans accord du participe passé) puissent s'employer transitivement (avec accord) dans certains cas.
On admettra l'un et l'autre emploi dans tous les cas.

13. Participes et locutions tels que *compris (y compris, non compris), excepté, ôté, étant donné, ci-inclus, ci-joint:*

13 *a. Compris (y compris, non compris), exepté, ôté:*

J'aime tous les sports, excepté la boxe (exceptée la boxe).
J'aime tous les sports, la boxe exceptée (la boxe excepté).

L'usage veut que ces participes et locutions restent invariables quand ils sont placés avant le nom avec lequel ils sont en relation et qu'ils varient quand ils sont placés après le nom.
On admettra l'accord dans le premier cas et l'absence d'accord dans le second.

13 *b. Étant donné:*

Étant données *les circonstances...*
Étant donné *les circonstances...*

L'usage admet l'accord aussi bien que l'absence d'accord.

13 *c. Ci-inclus, ci-joint:*

Ci-inclus (ci-incluse) *la pièce demandée.*
Vous trouverez ci-inclus (ci-incluse) *copie de la pièce demandée.*
Vous trouverez cette lettre ci-incluse.
Vous trouverez cette lettre ci-inclus.

L'usage veut que *ci-inclus, ci-joint* soient:
— invariables en tête d'une phrase ou s'ils précèdent un nom sans déterminant;
— variables ou invariables, selon l'intention, dans les autres cas.
On admettra l'accord ou l'absence d'accord dans tous les cas.

II. — Le nom

14. Liberté du nombre.

14 *a:*

De la gelée de groseille.
De la gelée de groseilles.
Des pommiers en fleur.
Des pommiers en fleurs.

L'usage admet le singulier et le pluriel.

14 *b:*

Ils ont ôté leur chapeau.
Ils ont ôté leurs chapeaux.

L'usage admet selon l'intention le singulier et le pluriel.
On admettra l'un et l'autre nombre dans tous les cas.

15. Double genre:

Instruits (instruites) *par l'expérience, les vieilles gens sont très prudents* (prudentes): *ils* (elles) *ont vu trop de choses.*

L'usage donne au mot *gens* le genre masculin, sauf dans des expressions telles que: *les bonnes gens, les vieilles gens, les petites gens.*
Lorsqu'un adjectif ou un participe se rapporte à l'une de ces expressions ou lorsqu'un pronom la reprend, on admettra que cet adjectif, ce participe, ce pronom soient, eux aussi, au féminin.

16. Noms masculins de titres ou de professions appliqués à des femmes:

Le français nous est enseigné par une dame. Nous aimons beaucoup ce professeur. Mais il (elle) *va nous quitter.*

Précédés ou non de *Madame,* ces noms conservent le genre masculin ainsi que leurs déterminants et les adjectifs qui les accompagnent.
Quand ils sont repris par un pronom, on admettra pour ce pronom le genre féminin.

17. Pluriel des noms:

17. *a.* Noms propres de personnes:

Les Dupont (Duponts). *Les Maréchal* (Maréchals).

On admettra que les noms propres de personnes prennent la marque du pluriel.

17. *b.* Noms empruntés à d'autres langues:

Des maxima (des maximums). *Des sandwiches* (des sandwichs).

On admettra que, dans tous les cas, le pluriel de ces noms soit formé selon la règle générale du français.

III. — L'article

18. Article devant *plus, moins, mieux.*

Les idées qui paraissent les plus *justes sont souvent discutables.*
Les idées qui paraissent le plus *justes sont souvent discutables.*

Dans les groupes formés d'un article défini suivi de *plus, moins, mieux* et d'un adjectif ou d'un participe, l'usage admet que, selon l'intention, l'article varie ou reste invariable.
On admettra que l'article varie ou reste invariable dans tous les cas.

IV. — L'adjectif numéral

19. *Vingt* et *cent:*

Quatre-vingt-dix (quatre vingts dix) *ans.*
Six cent trente-quatre (six cents trente quatre) *hommes.*
En mil neuf cent soixante-dix-sept (mille neuf cents soixante dix sept).

On admettra que *vingt* et *cent,* précédés d'un adjectif numéral à valeur de multiplicateur, prennent la marque du pluriel même lorsqu'ils sont suivis d'un autre adjectif numéral.
Dans la désignation d'un millésime, on admettra la graphie *mille* dans tous les cas.
N. B. — L'usage place un trait d'union entre les éléments d'un adjectif numéral qui forment un ensemble inférieur à cent.
On admettra l'omission du trait d'union.

V. — L'adjectif qualificatif

20. *Nu, demi* précédant un nom:

Elle courait nu-pieds (nus pieds).
Une demi-heure (demie heure) *s'écoula.*

L'usage veut que *nu, demi* restent invariables quand ils précèdent un nom auquel ils sont reliés par un trait d'union.
On admettra l'accord.

21. Pluriel de *grand-mère, grand-tante,* etc.:

Des grand-mères.
Des grands-mères.

L'usage admet l'une et l'autre graphie.

22. *Se faire fort de...:*

Elles se font fort (fortes) *de réussir.*

On admettra l'accord de l'adjectif.

23. *Avoir l'air:*

Elle a l'air doux.
Elle a l'air douce.

L'usage admet que, selon l'intention, l'adjectif s'accorde avec le mot *air* ou avec le sujet du verbe *avoir.*
On admettra l'un et l'autre accord dans tous les cas.

VI. — Les indéfinis

24. *L'un et l'autre:*

24 *a.* *L'un et l'autre* employé comme adjectif:

J'ai consulté l'un et l'autre document.
J'ai consulté l'un et l'autre documents.
L'un et l'autre document m'a *paru intéressant.*
L'un et l'autre document m'ont *paru intéressants.*

1. L'usage admet que, selon l'intention, le nom précédé de *l'un et l'autre* se mette au singulier ou au pluriel.
On admettra l'un et l'autre nombre dans tous les cas.

2. Avec le nom au singulier, l'usage admet que le verbe se mette au singulier ou au pluriel.

24 *b.* *L'un et l'autre* employé comme pronom:

L'un et l'autre se taisait.
L'un et l'autre se taisaient.

L'usage admet que, selon l'intention, le verbe précédé de *l'un et l'autre* employé comme pronom se mette au singulier ou au pluriel.
On admettra l'un et l'autre nombre dans tous les cas.

25. *L'un ou l'autre, ni l'un ni l'autre:*

25 *a.* *L'un ou l'autre, ni l'un ni l'autre* employés comme adjectifs:

L'un ou l'autre projet me convient.
L'un ou l'autre projet me conviennent.
Ni l'une ni l'autre idée ne m'inquiète.
Ni l'une ni l'autre idée ne m'inquiètent.

L'usage veut que le nom précédé de *l'un ou l'autre* ou de *ni l'un ni l'autre* se mette au singulier; il admet que, selon l'intention, le verbe se mette au singulier ou au pluriel. On admettra, pour le verbe, l'un et l'autre accord dans tous les cas.

25 *b. L'un ou l'autre, ni l'un ni l'autre* employés comme pronoms:

De ces deux projets, l'un ou l'autre me convient.
De ces deux projets, l'un ou l'autre me conviennent.
De ces deux idées, ni l'une ni l'autre ne m'inquiète.
De ces deux idées, ni l'une ni l'autre ne m'inquiètent.

L'usage admet que, selon l'intention, le verbe précédé de *l'un ou l'autre* ou de *ni l'un ni l'autre* employés comme pronoms se mette au singulier ou au pluriel.
On admettra l'un et l'autre nombre dans tous les cas.

26. *Chacun:*

Remets ces livres chacun à sa *place.*
Remets ces livres chacun à leur *place.*

Lorsque *chacun,* reprenant un nom (ou un pronom de la troisième personne) au pluriel, est suivi d'un possessif, l'usage admet que, selon l'intention, le possessif renvoie à *chacun* ou au mot repris par *chacun.*
On admettra l'un et l'autre tour dans tous les cas.

VII. — «Même» et «tout»

27. *Même:*

Dans les fables, les bêtes mêmes *parlent.*
Dans les fables, les bêtes même *parlent.*

Après un nom ou un pronom au pluriel, l'usage admet que *même,* selon l'intention, prenne ou non l'accord. On admettra l'une ou l'autre graphie dans tous les cas.

28. *Tout:*

28 *a.*

Les proverbes sont de tout *temps et* de tout *pays.*
Les proverbes sont de tous *temps et* de tous *pays.*

L'usage admet, selon l'intention, le singulier ou le pluriel.

28 *b.*

Elle est toute (tout) *à sa lecture.*

Dans l'expression *être tout à . . .,* on admettra que *tout,* se rapportant à un mot féminin, reste invariable.

28 *c.*

Elle se montra tout (toute) *étonnée.*

L'usage veut que *tout,* employé comme adverbe, prenne la marque du genre et du nombre devant un mot féminin commençant par une consonne ou un *h* aspiré et reste invariable dans les autres cas.
On admettra qu'il prenne la marque du genre et du nombre devant un nom féminin commençant par une voyelle ou un *h* muet.

VIII. — L'adverbe «ne» dit explétif

29.

Je crains qu'il ne *pleuve.*
Je crains qu'il pleuve.
L'année a été meilleure qu'on ne *l'espérait.*
L'année a été meilleure qu'on l'espérait.

L'usage n'impose pas l'emploi de *ne* dit explétif.

IX. — Accents

30. Accent aigu:

Assener (asséner); *referendum* (référendum).

Dans certains mots, la lettre e, sans accent aigu, est prononcée [é] à la fin d'une syllabe.
On admettra qu'elle prenne cet accent — même s'il s'agit de mots d'origine étrangère — sauf dans les noms propres.

31. Accent grave:

Événement (évènement); *je céderai* (je cèderai).

Dans certains mots, la lettre e, avec un accent aigu est généralement prononcée [è] à la fin d'une syllabe.
On admettra l'emploi de l'accent grave à la place de l'accent aigu.

32. Accent circonflexe:

Crâne (crane); *épître* (épitre); *crûment* (crument).

On admettra l'omission de l'accent circonflexe sur les voyelles *a, e, i, o, u* dans les mots où ces voyelles comportent normalement cet accent, sauf lorsque cette tolérance entraînerait une confusion entre deux mots en les rendant homographes (par exemple: *tâche/tache; forêt/foret; vous dîtes/vous dites; rôder/roder; qu'il fût/qu'il fut).*

X. — Trait d'union

33. *Arc-en-ciel* (arc en ciel); *nouveau-né* (nouveau né); *crois-tu?* (crois tu?); *est-ce vrai?* (est ce vrai?); *dit-on* (dit on); *dix-huit* (dixhuit); *dix-huitième* (dix huitième); *par-ci, par-là* (par ci, par là).

Dans tous les cas, on admettra l'omission du trait d'union, sauf lorsque sa présence évite une ambiguïté *(petite-fille/petite fille)* ou lorsqu'il doit être placé avant et après le *t* euphonique intercalé à la troisième personne du singulier entre une forme verbale et un pronom sujet postposé *(viendra-t-il?).*

Lösungen der TESTS

Seite 24 **1.** ce qui importe, c'est (2.6) **2.** c'est vous qui (2.6, 2.8) **3.** Moi, je ... (2.6); à moi (2.7); Moi, je peux ... (2.6) **4.** Mais moi ... (2.6); c'est eux que (2.8); c'est pour eux que (2.8) **5.** toi (2.7) **6.** Toi aussi (2.6) **7.** C'est toi qui (2.6), Moi, je ... (2.6)

Seite 31 **1.** La population est pauvre? (3.12) **2.** Pourquoi tu n'as pas sonné? (3.12); Qu'est-ce qui se passe? (3.11); Je peux entrer une minute? (3.12); Qu'est-ce qui t'arrive? (3.11); Où ça? (3.14) **3.** Risquent-ils ...? (3.9) **4.** Quoi de plus noble ...? (3.2) **5.** Qu'est-ce qui t'attire ...? (3.11); Et ce qui te dérange le plus? (Die Frage ist verkürzt, es fehlt hinten: ... c'est quoi? (3.2))

Seite 39 **1.** ne ... rien (4.5); ne ... pas (4.1) **2.** personne n'(est) ... (4.4) **3.** personne (= jemanden) (4.15) **4.** Ne jamais / ne pas (prendre) / ne pas (boire) (4.12); ni (surtout glacé) (4.8) **5.** il ne (pleut) jamais (4.3); rien ne (pousse) (4.5) **6.** ne rien (faire) (4.12); Ils ne (parlent) pas (4.1) **7.** (c'est) pas (4.8)

Seite 43 **1.** ce qui (5.6) **2.** s'(il ressemblait) ... (5.6) **3.** si (je) ... (5.6)

Seite 54 **1.** le dimanche (= sonntags) (8.7) **2.** de l' (8.2) **3.** le 25 mars (8.7); la France ... (8.5)

Seite 56 **1.** des bonnes choses / des cadeaux (9.3); un véritable coup de cœur (9.1) **2.** des correspondants (tes) (9.3); une photo (9.1) **3.** d'autres (9.2); des filles (9.3); des autres (9.2)

Seite 63 **1.** de la soupe / du poisson / de la salade / de l'eau (10.2); des pommes de terre (9.3) **2.** pas d'ombre (11.3) **3.** pas des hommes (11.3, 2. Abschnitt) **4.** du Nescafé (S. 62); (4 cuillers ...) de sucre / 20cl d'eau (11.2) **5.** beaucoup d'amis (11.2); des vrais amis (11.4); beaucoup de relations (11.2) **6.** partie de l'après-midi (11.2, 2. Abschnitt) **7.** la moitié des Français (11.2, 2. Abschnitt)

Seite 67 **1.** Il faudrait (12.5, 3. Abschnitt); il ne me semble / il s'agisse (12.5, 3. Abschnitt) **2.** cela vous étonne (12.5, 4. Abschnitt); ce n'est pas (12.5, 1. Abschnitt) **3.** Ce fut (12.5, 1. Abschnitt) **4.** ça ne fait rien (12.5, 4. Abschnitt) **5.** Il pleuvait (12.5, 3. Abschnitt) **6.** il faut (12.5, 3. Abschnitt); cela n'est pas vrai (12.5, 1. Abschnitt c)

Seite 74 **1.** lui (= ihr 13.2) **2.** Dis-le-moi (13.8); tu m'aimes / je t'aime (13.4) **3.** Montre-moi (13.7); je te dirai (13.4); apprenez-lui (13.7) **4.** de toi (13.5) **5.** je me raisonne / je me dis / je m'habille / je me dirige (13.4) **6.** m'a fait appeler (13.4) **7.** Je vais vous l'expliquer (13.9 / 13.6)

Seite 79 **1.** ceux qui (15.4) **2.** celles et ceux qui (15.4) **3.** ce soir (15.2) **4.** celles aux (15.4) **5.** celle du (15.4) **6.** ce soir (15.2) **7.** ce matin / cet après-midi (15.2)

Seite 84 **1.** vos ceintures (16.1) **2.** votre disposition (16.1) **3.** vos phrases (16.1); leurs exploits / leurs mésaventures / voisins / scoops (16.1, 16.4) **4.** la mienne (16.8) **5.** Leurs noms, leurs ailes, leur existence (16.1, 16.4) **6.** leur retour (16.1, 16.4)

Seite 91 **1.** un livre qu'on aime / un enfant qui joue / un outil qu'on tient (17.1) **2.** ce qui se passa (17.7); les minutes qui suivirent (17.1) **3.** cousins qui ... (17.1); auquel je plus (17.3) **4.** entièrement dédié à l'auto-stop (17.12); qui sera classée (17.1) **5.** Situé face à la mer et à l'îlet du Gosier (17.12); ordonnés autour d'un moulin à vent ... aux arbres centenaires (17.12) **6.** séparée ... américain (17.12)

Seite 95 **1.** tout n'était pas (18.4); tout noir ou tout blanc (18.8) **2.** toutes les erreurs (18.2); toutes questions (18.2, 2. Abschnitt) **3.** Tout ce qui est (18.7) **4.** je veux tout (18.4); tout de suite (18.1) **5.** tout ce que (18.7)

Seite 98 **1.** en acheter (19.2) **2.** Faites-en (19.7) **3.** Si j'en donnais / il en manquerait / j'en donne / il en restera (19.2) **4.** Elle en souffre (19.2)

Seite 107 **1.** minérale / gazeuse / naturelle / public (20.5) **2.** vieil ami (20.6, 20.10) **3.** air fâché (20.2, 5. Abschnitt) **4.** le moindre (20.9) **5.** nouvelles victoires (20.6, 20.11) **6.** excellente santé (20.1, 20.11, 3. Abschnitt); bonne résistance / habileté manuelle / bonne acuité / acuité visuelle / bonne audition (20.5, 20.10); très sûrs (20.1, 20.10)

Seite 113 **1.** parfaitement blanche (21.7b) **2.** sens bon (21.10); sens bien (21.3, 21.7a) **3.** bien aimable (21.7b) **4.** longuement discuté (21.7a) **5.** se sentent bien (21.3, 21.7a) **6.** bien vouloir (21.3, 21.7a); respecter scrupuleusement (21.7a); particulièrement attentifs (21.7b)

Seite 115 **1.** légère comme une flamme (22.1) **2.** autre que toi (22.1, 2. Abschnitt) **3.** comme un chien (22.1) **4.** si dur (22.4) **5.** aussi bien ... que (22.2b) **6.** mieux vaut ... que (22.1)

Seite 117 **1.** je n'aime que vous (23.2) **2.** Dieu seul (23.1) **3.** Des mouches seules (23.1)

Seite 121 8 mai (24.7, 2. Abschnitt); 42^{e} anniversaire / le premier ministre / la Seconde Guerre mondiale (24.7); huit anciens combattants (24.2); Page 4 (24.8)

Seite 127 **1.** Il vient de franchir (27.3) **2.** je viens d'apprendre (27.3) **3.** il allait me dire (27.1, nahe Zukunft der Vergangenheit) **4.** ne vont pas tarder, va aggraver (27.2)

Seite 130 **1.** Imparfait: était embarrassé, savait, avait envie, était, désirait, était, avait, se réjouissait, revenait (28.2); Passé simple: arriva, entra, voulut, vint, montra, fit signe, disparut, vit (28.2) **2.** Imparfait: se trouvait (28.2); Passé simple: reçut (28.2) **3.** Imparfait: étais, avais (28.2); ils me disaient (28.2, letzter Abschnitt)

Seite 139 **1.** Créées (Verb: créer – Stamm: cré + Part. Perf.-Endung -é + feminine Endung -e + Plural -s (30.3) **2.** je suis née / tu es arrivée (30.4) **3.** s'est noyée (30.8); être tombée / étaient venus (30.4) **4.** M'avait-il oubliée (30.5) **5.** je ne les ai pas connus (30.5) **6.** Yanek ne les a pas vus (30.5) **7.** elle est venue (30.4); elle nous a séduits (30.5)

Seite 145 **1.** volera (voler) **2.** connaîtrez (connaître); serez (être); serez **3.** se recontreront (se rencontrer); porteront (porter)

Seite 148 **1.** aiderait / donnerait (34.3) **2.** devraient (34.3) **3.** aimerait (34.3) **4.** aurait mangé (34.4)

Seite 157 **1.** que je sois sérieuse (nach: il faut que 35.6) **2.** que tu comprennes (nach: je ne crois pas que 35.8) **3.** se refermât (nach: jusqu'à ce que 35.4) **4.** que j'aie connue (35.9) **5.** il ne fît pas (nach: pourvu que 35.4) **6.** il me semble que je vous ai ... (35.7, 3. Abschnitt)

Seite 160 **1.** On cherche un enfant (36.4, 3. Abschnitt) **2.** ont été incendiés / a été incendié (36.4) **3.** Une langue peut s'apprendre (36.4, 4. Abschnitt)

Seite 169 **1.** Parlant latin ... (Partizip Präsens 38.5, 1. Abschnitt – 38.5) **2.** remorquant un train (Partizip Präsens, 38.6, 1. Abschnitt – 38.5) **3.** Agissant sans doute ... (Partizip Präsens, 38.6, 1. Abschnitt – 38.7); en sortant (gérondif 39.6a, 39.7) **4.** acquérant ainsi ... (Partizip Präsens, 38.6) **5.** En choisissant ... (gérondif 39.6c, 39.7) **6.** en arrêtant involontairement ... (gérondif 39.6b, 39.7); en voyant monter ... (gérondif 39.6a, 39.7) **7.** en sortant de l'école (gérondif 39.6a, 39.7)

Seite 190 **1.** qu'il a besoin (Richtig: dont il a besoin, 43.1) **2.** Il l'a mariée (Richtig: il s'est marié avec elle, 43.1) **3.** Je me rappellerai de ... (Richtig: je me rappellerai cette journée, 43.1) **4.** Il aime à (Richtig: il aime se promener, 43.3)

Seite 195 **1.** avant d'entreprendre (44.8) **2.** avant votre départ (44.4, 44.8) **3.** devant le Palais de Chaillot (44.4) **4.** jusqu'aux chevilles (44.7, 44.8)

Seite 205 **1.** si vous essayez (45.5); si vous êtes ... (45.5) **2.** Si l'on me demandait (45.6) **3.** si vous ne me faites aucun mal (45.5)

Seite 209 **1.** parce que (oder: car) **2.** parce que (oder: car) **3.** donc **4.** parce que (oder: car) **5.** mais

Register

Das Register enthält alle Fachausdrücke und Strukturen dieser Grammatik; zusätzlich auch weitere Fachausdrücke, die in den Richtlinien, grammatischen Beiheften und in anderen Grammatiken vorkommen.

D

N

O

Q

V

W